"业财税法融合"控税思维是企业节税！
企业防控税务风险的秘籍法宝！
核心的秘籍法则：法律规定与合同相融合！
财务处理与合同相融合！税务处理与合同相融合！
业务模式与合同相融合！财税处理与业务模式相融合！

11 SECRETS OF TAX CONTROL OF
"INTEGRATION OF FINANCE AND TAX LAW" IN
CONSTRUCTION SERVICE INDUSTRY

建筑服务
业财税法融合
控税11秘籍

肖太寿/编著

经济管理出版社
ECONOMY & MANAGEMENT PUBLISHING HOUSE

图书在版编目(CIP)数据

建筑服务"业财税法融合"控税 11 秘籍 / 肖太寿编著. —北京:经济管理出版
社,2021.3
ISBN 978-7-5096-7876-3

Ⅰ.①建⋯ Ⅱ.①肖⋯ Ⅲ.①建筑企业—税收管理—基本知识—中国

Ⅳ.①F812.423

中国版本图书馆 CIP 数据核字(2021)第 056190 号

组稿编辑:王光艳
责任编辑:魏晨红
责任印制:黄章平
责任校对:陈晓霞

出版发行:经济管理出版社
　　　　　(北京市海淀区北蜂窝 8 号中雅大厦 A 座 11 层　100038)
网　　　址:www.E-mp.com.cn
电　　　话:(010) 51915602
印　　　刷:唐山昊达印刷有限公司
经　　　销:新华书店
开　　　本:720mm×1000mm /16
印　　　张:15.75
字　　　数:274 千字
版　　　次:2021 年 3 月第 1 版　　2021 年 3 月第 1 次印刷
书　　　号:ISBN 978-7-5096-7876-3
定　　　价:98.00 元

前言

　　"业财税法融合"控税是指企业从财务、税务和法务三个维度对同一笔经营业务进行综合防范税收风险、财务风险和法律风险的管理控制方法。在现实业务中，针对每一笔经济业务，如果只从财务和税务角度进行管控，而不从法律的角度进行审视和防控税务风险、财务风险，是很难达到控制财税风险目标的。

　　在新的税收征管政策环境和大数据、数字经济环境下，建筑服务中经常出现的建筑劳务分包、建筑劳务公司承接业务、劳务公司的班组长和建筑企业的项目经理承包工程项目的财务风险、税务风险和法律风险的管理控制是建筑企业和劳务公司面临的必须解决的核心课题。建筑企业和劳务公司要在经营中规避各种税收风险，提升企业税收安全，实现健康持续的经营，一定要重视"业财税法融合"控税策略。为了提高广大建筑企业和劳务公司的老板和财务负责人对企业自身税收风险的掌控能力，策划好企业的税收安全战略，笔者结合多年在税务实践中的职业操守经验和对国家最新颁布的税收政策的研究，特编写了一部精神食粮——《建筑服务"业财税法融合"控税11秘籍》。

　　本书主要分为12个部分，具体介绍如下：

1　建筑服务"业财税法融合"控税思维的基本逻辑和实操要点

　　业务流程是与法务、财务和税务相互融合控制税负的。在现实业务中，针对每一笔经济业务，如果只从财务和税务角度进行管控，而不从法律的角度进行审视和防控税务风险、财务风险，是很难达到控制财税风险目标的。在具体操作实务中，"业财税法融合"控税的实操要点如下：①依据税法条文与相关法律条文规定相互融合佐证进行税务处理；②依据民商法及司法解释的相关条款规定进行税务处理；③依据税法、《企业会计准则》和民商法的相关条款规定进行税务处理。

2 "业财税法融合" 控税秘籍一：建筑劳务公司班组长（包工头）提取利润策略

建筑劳务公司的班组长（包工头）与劳务公司合作发生的利润如何从劳务公司里拿出来呢？从实际操作来看，有三种策略：一是"劳务承包经营责任制合同+经营所得"策略；二是"劳动合同+工资薪金所得+解聘劳动合同"策略；三是"专业作业劳务分包合同+工程劳务所在地税务局代开发票"策略。本秘籍主要通过详细的案例剖析论证了提供建筑服务的**建筑劳务公司班组长（包工头）从劳务公司提取利润三种策略的法律操作要点、纳税管理要点。**

3 "业财税法融合" 控税秘籍二："农民工工资专用账户+实名制"下的农民工工资支付管理策略

农民工工资专用账户管理是指在房屋建筑和市政基础设施工程建设过程中，实行人工费（工资款）与其他工程款分账管理，施工总承包企业（包括直接承包建设单位发包工程的专业承包企业）设立农民工工资专用账户（以下简称"工资专用账户"），并为农民工办理实名制工资支付银行卡（以下简称"工资卡"），建设单位（包括项目业主、项目代建管理单位）按照合同约定将应付工程款中的人工费（工资款）拨付至农民工工资专用账户，施工总承包企业委托农民工工资专用账户开户银行（以下简称"开户银行"）直接将农民工工资发放至农民工工资卡的一系列监督管理活动。在这种农民工工资专用账户管理中，涉及如何签订建筑合同、财务核算和税务处理等一系列问题，是本秘籍中重点解决的课题内容。

4 "业财税法融合"控税秘籍三：建筑行业农民工个税的三种纳税申报管理策略

在建筑行业发放农民工工资的实践中，农民工工资如何纳税管理？如何进行纳税方案设计才可以规避纳税风险？基于建筑行业中的个税税收政策规定，本秘籍提出建筑行业农民工个税的三种纳税管理及其规避税收风险的纳税方案设计：一是建筑行业项目作业人员（包括农民工）个人所得税核定征收方法的纳税方案设计；二是建筑企业或劳务公司与农民工签订固定期限劳动合同情况下的全员全额申报农民工个税的纳税筹划方案设计；三是建筑企业或劳务公司与班组长（包工头）签订专业作业劳务分包合同的农民工和班组长（包工头）的个人所得税的纳税方案设计。

5 "业财税法融合"控税秘籍四：建筑行业中班组长（包工头）的纳税管理策略

建筑行业中的班组长（包工头）分为三类：自然人班组长（包工头）、设立临时税务登记证的班组长（包工头）和注册为个体工商户的班组长（包工头）。以上班组长（包工头）在建筑行业中往往是承包劳务，然后聘请农民工从事劳务完成工作。本秘籍主要分析建筑行业中以上三类班组长（包工头）在纳税管理中涉及的法律、税务操作要点。

6 "业财税法融合"控税秘籍五：建筑班组长（包工头）设立临时税务登记的纳税管理策略

为了解决建筑行业班组长（包工头）的节税目标，可以通过班组长（包工头）设立临时税务登记，依法自行纳税申报增值税、个人所得税的合法渠道。本秘籍主要介绍建筑班组长（包工头）设立临时税务登记的纳税管理的三步法：第一步：建筑班组长（包工头）在建筑劳务所在地税务局设立临时税务登记；第二步：设立临时税务登记的建筑班组长（包工头）的增值税申报处理之策；第三步：设立临时税务登记的建筑班组长（包工头）的个人所得税的申报处理之策。

7 "业财税法融合" 控税秘籍六：建筑劳务公司扣除班组长（包工头）专业作业劳务分包款差额征收增值税的纳税管理策略

当前，在建筑劳务行业中，往往存在建筑劳务公司与班组长（包工头）签订专业作业劳务分包合同，班组长（包工头）在工程劳务所在地税务局代开发票给劳务公司，劳务公司是否能享受差额征收增值税问题一直困扰着不少地方税务局的执法干部。笔者通过梳理现有的建筑行业分包业务中的国家税法政策规定，结合实际操作业务分析，得出以下结论：建筑劳务公司与班组长（包工头）签订专业作业劳务分包合同，完全可以享受差额征收增值税的政策规定。本部分重点介绍：建筑劳务公司扣除班组长（包工头）分包款差额征收增值税的税法剖析；建筑行业中的发包方扣除分包款差额征收增值税的纳税管理。

8 "业财税法融合" 控税秘籍七：建筑企业（劳务公司）与农民工、班组长（包工头）签订用工合同的秘诀及其社保费用处理

本秘籍主要介绍以下几方面的内容：一是建筑企业工程项目的三种分类；二是建筑企业（劳务公司）与农民工之间用工合同的分类及其法律分析；三是建筑企业（劳务公司）与农民工、班组长签订用工合同的秘诀；四是建筑企业（劳务公司）与农民工签订不同用工合同与社保费用的协同管理之策。其中重点介绍以下四项不同用工合同与社保的协同管理之策：①签订灵活就业协议与社保费用的协同管理；②签订固定期限劳动合同与社保费用的协同管理；③工伤保险费用的处理；④签订专业作业劳务分包合同与社保费用的协同管理。

9 "业财税法融合" 控税秘籍八：建筑企业（劳务公司）不同用工形式下的社保费用筹划之道

本秘籍重点介绍以下两方面的社保费用节约之策：一是建筑企

业节约社保费用之用工形式筹划之策；二是建筑劳务公司节约社保费用的五种秘诀、法律依据和实操要点。其中重点提出了建筑公司项目部直接雇用农民工社保费用的三种筹划之道和建筑劳务公司节约社保费用的五种秘诀。

一是劳务公司与以小时计酬为主的农民工签订非全日制用工合同，劳务公司和农民工不缴纳社保费用，但劳务公司必须缴纳工伤保险。

二是对于既没有实施农民工工资专用账户管理又没有实施农民工实名制管理的建筑项目，劳务公司可派专业人员代理长期与劳务公司合作的农民工在劳务公司所在地的市场监督管理局注册为无雇工的专业作业建筑劳务的个体工商户，然后让无雇工的个体工商户与劳务工商签订某一工种的专业作业劳务分包协议，将月收入的劳务款控制在20000元以内，按小额零星业务支出的税收政策规定处理，无雇工的个体工商户不需要到税局代开发票给劳务公司作为成本核算依据。这样无雇工的个体工商户可不缴纳社保费用。

三是劳务公司让长期与其合作的班组长（包工头）到劳务公司注册地的市场监督管理局注册为核定征收个税的建筑劳务专业作业的个体工商户，个体工商户到注册所在地的税务部门购买税控机和税控盘，每月给劳务公司开具10万元以下的普通增值税发票。

四是劳务公司与班组长（包工头）签订劳务承包、劳务分包合同，班组长（包工头）去税务局代开"建筑服务——工程劳务"发票给劳务公司入账。

五是劳务公司与在户口所在地的社保所已经缴纳了农村社保（农村医疗保险和农村养老保险）或城乡居民医疗保险和城乡居民养老保险的农民工签订固定期限的全日制劳动合同或灵活就业协议书。

10 "业财税法融合"控税秘籍九：建筑企业（劳务公司）与班组长（包工头）签订专业作业劳务分包合同的合法性分析及其用工形式的法律风险管控策略

目前，中华人民共和国住房和城乡建设部已批准陕西、安徽、浙江、山东、江苏、青海、黑龙江、江西、贵州、河南、山东、四川 12 个省，推进试点取消建筑劳务资质。取消建筑施工劳务资质审批，设立专业作业企业资质，实行告知备案制。基于此，本秘籍重点论证：建筑劳务实践中的**建筑企业（劳务公司）与班组长（包工头）签订专业作业劳务分包合同的合法性**，以及提出了建筑企业（劳务公司）与班组长（包工头）的四种用工形式的法律风险管控之策。

11 "业财税法融合" 控税秘籍十：劳务派遣业务的法务、财务、税务和社保管理策略

　　劳务派遣业务涉及相关的法务处理、财务处理、税务处理和社保问题的处理。在新的个税和社保政策下，劳务派遣公司（劳务公司也有劳务派遣业务）与用工单位发生的劳务派遣业务，到底如何进行合法处理以规避法律风险？如何进行合同签订以规避社保费用的负担？本秘籍主要分析劳务派遣公司的社保费用缴纳义务人；跨地区劳务派遣业务的社保缴纳地点、缴纳标准；劳务派遣业务的设备和缴纳的基数确定；劳务派遣业务的社保问题的处理以及社保费用的节约之策。最后提出：在新的个税和社保政策下，劳务派遣公司（劳务公司也有劳务派遣业务）与用工单位发生的劳务派遣业务，合法规避法律风险的措施，规避社保费用负担的合同签订技巧。

12 "业财税法融合" 控税秘籍十一：建筑业 "二类" 农民工工资发放策略及其 "八种" 支付形式的财务风险管控策略

　　本秘籍重点介绍和分析以下四方面的内容：①建筑业 "二类" 农民工工资发放策略及其 "八种" 支付形式；②与农民工签订固定期限劳动合同且通过农民工工资专用账户发放农民工工资的财税法处理；③与班组长（包工头）或以班组长（包工头）注册成立的个体工商户签订专业作业劳务分包合同，且通过农民工工资专用账户发放农民工工资的会计核算及其凭证管理或财税处理（适用第三类建筑工程项目）；④劳务公司发放农民工工资（第五种、第六种、第七种和第八种工资支付方式）的会计核算及其凭证管理（适用第

二类建筑工程项目）。

本书具有以下特点：

（1）内容具有新颖性和创新性。本书是基于国家颁布的最新税收政策而编写的，重点分析了建筑企业和劳务公司"业财税法融合"控税 11 个秘籍，具有很强的新颖性和时代的创新性。

（2）实用性和操作性强。本书收集了较多的案例，大部分是来自笔者在全国财税培训实践中所积累的实例，特别是建筑行业中的众多案例都是笔者长期税务咨询实践中收集的真实案例，让读者看后就知道在税务实务中怎样处理各类涉税风险点，富有实际操作性和可行性。

本书既可以作为各地税务干部、财务总监、财务部经理、企业家的培训教材，也可以作为广大教师、科研人员、税务官员、注册税务师、注册会计师和税务律师的参考用书。

由于时间仓促，书中错误之处在所难免，敬请读者谅解！

2021 年 3 月于肖太寿财税工作室

获得更多精彩内容，请扫描并关注肖太寿财税工作室微信公众号：xtstax 和中联博睿财税咨询有限公司微信公众号：gh_314258bbadbe。

1 建筑服务"业财税法融合"控税思维的基本逻辑和
实操要点 //001

一、"建筑服务"的税法界定 //003
　　（一）工程服务 //003
　　（二）安装服务 //003
　　（三）修缮服务 //004
　　（四）装饰服务 //004
　　（五）其他建筑服务 //004
二、"业财税法融合"控税的基本逻辑：企业的财税处理与合法
　　的业务流程相匹配 //004
　　【案例分析】酒店住宿费的"业财税法融合"控税 //005
三、"业财税法融合"控税的实操要点 //007
　　（一）依据税法条文与相关法律条文规定相互融合佐证进行
　　　　税务处理 //007
　　【案例分析】某建筑企业增值税纳税义务时间确定的税务
　　　　处理 //008
　　（二）依据民商法及司法解释的相关条款规定进行税务
　　　　处理 //015
　　【案例分析】拥有土地使用权的工业企业与房地产公司合作
　　　　建房分配利润的涉税 //016
　　（三）依据税法、《企业会计准则》和民商法的相关条款规定
　　　　进行税务处理 //019

【案例分析】设立农民工工资专用账户的建筑总承包企业代
发劳务公司农民工工资的 "业财税法融合"
控税 //020

2 "业财税法融合" 控税秘籍一：建筑劳务公司班组长（包工头）
提取利润策略 //025

一、"劳务承包经营责任制合同+经营所得" 策略 //027
（一）操作要点 //027
（二）自然人班组长（包工头）承包劳务 "经营所得" 个税的
纳税申报 //028
【案例分析】某包工头承包经营所得的个税纳税申报
流程 //033
（三）自然人班组长（包工头）成立核定征收个税的个体户、
个人独资企业、合伙企业承包劳务 "经营所得" 个税的
纳税申报管理 //044
（四）查账征收个税的个体户业主、个人独资企业投资者、合
伙企业合伙人承包劳务 "经营所得" 个税的纳税申报
管理 //055
【案例分析】某查账征收的个人独资劳务公司的投资者经营
所得的个税处理 //058
【案例分析】某查账征收的个人独资企业经营所得个税的季
度申报和汇算清缴的纳税申报流程 //068
二、"劳动合同+工资薪金所得+解聘劳动合同" 策略 //076
（一）"劳动合同+工资薪金所得+解聘劳动合同" 策略的实操
要点 //076
（二）劳务公司每月预提班组长（包工头）工资和全额缴纳社
会保险费用的财税处理 //077
（三）劳务公司解除班组长（包工头）劳动合同获取一次性经
济补偿金的法务处理 //078
（四）劳务公司解除班组长（包工头）劳动合同获取一次性经
济补偿金的财务处理 //080
（五）劳务公司解除班组长（包工头）劳动合同获取一次性经
济补偿金的税务和社保费用的处理 //081

【案例分析】某劳务公司解除包工头劳动合同给予一次性经
济补偿收入的个人所得税处理　//083

三、"专业作业劳务分包合同+工程劳务所在地税务局代开发票"
策略　//084
（一）"专业作业劳务分包合同+工程劳务所在地税务局代开发
票"策略的实操要点　//084
（二）班组长（包工头）个税的申报缴纳方法：工程所在地税
务局代开发票时代征个税　//085
（三）建筑领域班组长（包工头）雇用农民工的社保处理：不
缴纳社保费用　//090
（四）建筑劳务公司与班组长（包工头）签订专业作业和劳务
承包合同的财务管控　//091
（五）建筑企业（劳务公司）委托班组长（包工头）代发农民
工工资规避班组长挪用、截留农民工工资的
五步法　//092

3 **"业财税法融合"控税秘籍二："农民工工资专用账户+实名制"
下的农民工工资支付管理策略**　//097

一、实施农民工工资专用账户管理的法律缘由：规避建筑施工企
业拖欠农民工工资的法律风险　//099
（一）拖欠建筑劳务农民工工资的施工企业将被列入黑名单，
面临降低建筑资质的法律风险　//099
（二）拖欠农民工工资的施工企业将被列为失信企业，严重影
响施工企业的社会信誉，以后在建筑市场上很难生存
发展　//100
（三）拖欠农民工工资的现象发生，建设单位和建筑总承包单
位承担主要责任　//100
二、"农民工工资专用账户+实名制"下的建筑企业总承包方通
过其设立的农民工工资专用账户发放农民工工资管理
流程　//101
（一）建设单位、建筑总承包单位、农民工工资代发银行
之间的管理流程　//101
（二）建筑总承包单位、农民工之间的管理流程　//101

三、"农民工工资专用账户+实名制"下的建筑企业总承包方通过其设立的农民工工资专用账户代发劳务公司农民工工资的管理流程 //104

（一）建筑企业总承包方、劳务公司之间的管理流程 //104

（二）劳务公司与农民工之间的管理流程 //105

4 "业财税法融合" 控税秘籍三：建筑行业农民工个税的三种纳税申报管理策略 //109

一、项目部核定征收农民工个税 //111

（一）适用条件 //111

（二）纳税申报管理的税法依据 //111

（三）纳税申报管理策略 //112

二、全员全额申报农民工个税 //113

（一）适用条件 //113

（二）纳税申报管理的税法依据分析 //114

（三）纳税申报的三种管理策略 //115

三、代开发票时税务机关核定代征农民工个税 //119

（一）适用条件 //120

（二）纳税申报管理的税法依据分析 //120

（三）纳税申报管理策略 //124

5 "业财税法融合" 控税秘籍四：建筑行业中班组长（包工头）的纳税管理策略 //127

一、自然人班组长（包工头）的纳税管理 //129

（一）增值税的纳税处理 //129

（二）个人所得税的纳税处理 //130

（三）纳税处理中碰到的问题 //131

二、设立临时税务登记证的班组长（包工头）的纳税处理 //132

（一）设立临时税务登记证的税法政策依据 //132

（二）临时税务登记证件的有效期限 //132

（三）临时税务登记证的办证地点和纳税识别号 //133

（四）增值税的纳税处理　//133

（五）个人所得税的纳税处理　//133

三、注册个体工商户的班组长（包工头）的纳税处理　//134

（一）增值税的纳税处理　//134

（二）个人所得税的纳税处理　//134

（三）注册个体工商户的班组长（包工头）面临的困难　//134

6 **"业财税法融合"控税秘籍五：建筑班组长（包工头）设立临时税务登记的纳税管理策略　//135**

一、建筑班组长（包工头）在建筑劳务所在地税务局设立临时税务登记　//137

二、增值税的申报处理　//137

（一）设立临时税务登记的班组长（包工头）月销售额 10 万元以下（含本数）的增值税小规模纳税人，免缴增值税　//137

（二）设立临时税务登记的班组长（包工头）依法在建筑劳务所在地税务局代开增值税专用发票或普通发票　//138

三、个人所得税的申报处理　//138

（一）建筑班组长（包工头）设立临时登记从事生产、经营活动经营所得的税法定性　//138

（二）建筑班组长（包工头）设立临时登记从事生产、经营活动经营所得的个税申报制度　//139

（三）建筑班组长（包工头）经营所得的个税自行纳税申报方法　//139

7 **"业财税法融合"控税秘籍六：建筑劳务公司扣除班组长（包工头）专业作业劳务分包款差额征收增值税的纳税管理策略　//145**

一、建筑劳务公司扣除班组长（包工头）分包款差额征收增值税的税法剖析　//147

（一）发包方与分包方之间差额征收增值税与抵扣增值税的区别　//147

（二）差额征收增值税的税法依据　//147

（三）差额征收增值税的税法依据剖析 //148

（四）分析结论 //150

二、建筑行业中的发包方扣除分包款差额征收增值税的纳税
管理 //150

（一）适合建筑企业或劳务公司扣除分包款差额征收增值税必
须同时具备的四个条件 //150

（二）建筑劳务公司扣除班组长（包工头）分包款差额征收增
值税必须同时具备的五个条件 //151

（三）发包方与分包方之间扣除分包款差额征收增值税的纳税
方法 //151

（四）建筑劳务公司扣除班组长（包工头）分包款差额征收增
值税的纳税方法 //154

（五）建筑劳务公司扣除班组长（包工头）分包款差额征收增
值税的财务处理和差额预缴增值税及差额申报增值税的
处理 //155

【案例分析】甲建筑劳务分包有限公司扣除班组长分包款差
额征收增值税的财务处理和差额预缴增值税和
差额申报增值税的处理 //156

8 "业财税法融合"控税秘籍七：建筑企业（劳务公司）与农民
工、班组长（包工头）签订用工合同的秘诀及其社保费用
处理 //159

一、建筑企业工程项目的分类 //161

二、建筑企业（劳务公司）与农民工之间用工合同的分类及其
法律分析 //161

（一）农民工用工合同的分类 //161

（二）与农民工签订固定期限全日制劳动合同的法律
分析 //162

（三）与农民工签订以完成一定工作任务为期限的全日制劳动
合同的法律分析 //163

（四）与农民工签订灵活就业协议全日制劳动合同的法律
分析 //163

（五）与农民工签订非全日制劳动合同的法律分析 //164

三、建筑企业（劳务公司）与农民工、班组长（包工头）签订
用工合同的秘诀　//166

（一）第一类建筑项目的用工合同签订秘诀　//166

（二）第二、第三类建筑项目的用工合同签订秘诀　//166

四、建筑企业（劳务公司）与农民工签订不同用工合同与社保
费用的协同管理之策　//167

（一）签订灵活就业协议与社保费用的协同管理　//167

（二）签订固定期限劳动合同与社保费用的协同管理　//167

（三）工伤保险费用的处理　//167

（四）签订专业作业劳务分包合同与社保费用的协同
管理　//168

9　　"业财税法融合"控税秘籍八：建筑企业（劳务公司）不同用
工形式下的社保费用筹划之道　//169

一、建筑企业节约社保费用之用工形式筹划　//171

（一）将建筑劳务外包给劳务公司　//171

（二）建筑公司项目部直接雇用农民工的社保费用筹划
之道　//171

二、建筑劳务公司节约社保费用的五种秘诀、法律依据和实操
要点　//172

（一）劳务公司的社保费用成本分析　//172

（二）劳务公司节约社保费用的五种秘诀及其法律依据和实操
要点　//174

10　　"业财税法融合"控税秘籍九：建筑企业（劳务公司）与班组
长（包工头）签订专业作业劳务分包合同的合法性分析及其
用工形式的法律风险管控策略　//187

一、建筑劳务分包与专业作业劳务分包的区别和联系　//189

（一）"专业作业"的法律界定　//189

（二）建筑劳务分包的法律分类　//189

（三）建筑劳务分包与专业作业劳务分包的区别　//190

（四）建筑劳务分包与专业作业劳务分包的联系　//190

二、建筑企业（劳务公司）与班组长（包工头）签订专业作业 劳务分包合同不属于违法转包，而是合法的专业作业分包 行为 //190

三、五种违法的建筑劳务分包行为及其合法用工的管理 之策 //191

（一）建筑劳务分包的五种违法行为 //191

（二）建筑劳务用工的四种合法操作之策 //192

11 "业财税法融合" 控税秘籍十：劳务派遣业务的法务、财务、 税务和社保管理策略 //195

一、劳务派遣业务中的法务处理之策 //197

（一）被派遣劳动者、劳务派遣公司（用人单位）和用工单位 之间的劳动法律关系 //197

（二）采用劳务派遣多处受限 //197

二、劳务派遣业务的财务处理之策 //199

（一）劳务派遣合同用工费用的两种签订方式 //199

（二）财务核算 //199

三、劳务派遣业务的税务处理之策 //200

（一）企业所得税的处理 //200

（二）增值税的处理之策 //201

（三）劳务派遣业务的发票开具方法 //202

（四）被派遣劳动者的个人所得税处理 //203

【案例分析】某劳务派遣合同中不同用工费用条款约定的 财税处理 //204

四、劳务派遣公司节约社保费用之策 //205

（一）法律依据分析 //205

（二）劳务派遣业务中社保问题的处理 //207

（三）劳务派遣业务中社保费用的节约之策 //208

12 "业财税法融合" 控税秘籍十一：建筑业 "二类" 农民工工资 发放策略及其 "八种" 支付形式的财税风险管控策略 //211

一、建筑业 "二类" 农民工工资发放策略及其 "八种" 支付 形式 //213

（一）第一类农民工工资发放策略及其"五种"支付

形式 //213

（二）第二类农民工工资发放策略及其"三种"支付

形式 //213

二、与农民工签订固定期限劳动合同且通过农民工工资专用账户
发放农民工工资业务模式下的财税法处理 //215

（一）与农民工签订固定期限劳动合同且通过农民工工资专用
账户发放农民工工资业务模式下的法务处理 //215

（二）设立农民工工资专用账户的建筑总承包方与建设单位或
业主之间的会计核算和凭证管理（财税处理） //215

（三）第一种农民工工资支付形式下建筑企业总承包方与劳务
公司之间的会计核算和凭证管理（财税处理） //216

（四）第三种农民工工资支付形式下建筑企业总承包方、建筑
专业分包方之间的会计核算和凭证

管理（财税处理） //218

（五）第四种农民工工资支付形式下的建筑企业总承包方、建
筑专业分包方和劳务公司之间的会计核算和凭证管理
（财税处理） //220

（六）第二种工资支付形式中的建筑总承包方、第三种工资支付
方式中的建筑专业分包方、第一种和第四种工资支付方式
中的劳务公司结算支付农民工工资的会计核算 //223

三、与班组长（包工头）或以班组长（包工头）注册成立的个
体工商户签订专业作业劳务分包合同，且通过农民工工资专
用账户发放农民工工资的会计核算及其凭证管理或财税处理
（适用第三类建筑工程项目） //224

（一）建筑企业总承包方或建筑企业专业承包方与班组长（包
工头）签订专业作业劳务分包合同情况下的会计核算和
凭证管理（财税处理） //224

（二）建筑企业专业分包方与班组长（包工头）签订专业作业
劳务分包合同情况下的分包工程结算的会计核算和凭证
管理 //225

四、劳务公司发放农民工工资（第五种、第六种、第七种和第八种工资支付方式）的会计核算及其凭证管理（适用第二类建筑工程项目） //226

（一）劳务公司与农民工签订灵活就业协议的会计核算及凭证管理 //226

（二）劳务公司与班组长（包工头）或以班组长（包工头）注册成立的个体工商户签订专业作业劳务分包合同，班组长（包工头）或以班组长（包工头）注册成立的个体工商户直接雇用农民工完成劳务的会计核算及凭证管理（财税处理） //226

参考文献 //229

1

建筑服务"业财税法融合"
控税思维的基本逻辑和
实操要点

所谓的"业财税法融合"控税思维是指企业从财务、税务和法务三个维度对同一笔经营业务进行综合防范税收风险、财务风险和法律风险的管理控制方法。业务流程与法务、财务和税务相互融合控制税负。在现实业务中，针对每一笔经济业务，如果只从财务和税务角度进行管控，而不从法律的角度进行审视和防控税务风险、财务风险，是很难达到控制财税风险目标的。在具体操作实务中，"业财税法融合"控税的实操要点如下：①依据税法条文与相关法律条文规定相互融合佐证进行税务处理；②依据民商法及司法解释的相关条款规定进行税务处理；③依据税法、《企业会计准则》和民商法的相关条款规定进行税务处理。

一、"建筑服务"的税法界定

根据财税〔2016〕36号附件1《营业税改征增值税试点实施办法》的附件《销售服务、无形资产、不动产注释》第一条第（四）项的规定，建筑服务，是指各类建筑物、构筑物及其附属设施的建造、修缮、装饰，线路、管道、设备、设施等的安装以及其他工程作业的业务活动。包括工程服务、安装服务、修缮服务、装饰服务和其他建筑服务。

（一）工程服务

工程服务是指新建、改建各种建筑物、构筑物的工程作业，包括与建筑物相连的各种设备或者支柱、操作平台的安装或者装设工程作业，以及各种窑炉和金属结构工程作业。

（二）安装服务

安装服务是指生产设备、动力设备、起重设备、运输设备、传动设备、医疗实验设备以及其他各种设备、设施的装配、安置工程作业，包括与被安装设备相连的工作台、梯子、栏杆的装设工程作业，以及被安装设备的绝缘、防腐、保温、油漆等工程作业。

固定电话、有线电视、宽带、水、电、燃气、暖气等经营者向用户收取的安装费、初装费、开户费、扩容费以及类似收费，按照安装服务缴纳增值税。

（三）修缮服务

修缮服务是指对建筑物、构筑物进行修补、加固、养护、改善，使之恢复原来的使用价值或者延长其使用期限的工程作业。

（四）装饰服务

装饰服务是指对建筑物、构筑物进行修饰装修，使之美观或者具有特定用途的工程作业。

（五）其他建筑服务

其他建筑服务是指上述工程作业之外的各种工程作业服务，如钻井（打井）、拆除建筑物或者构筑物、平整土地、园林绿化、疏浚（不包括航道疏浚）、建筑物平移、搭脚手架、爆破、矿山穿孔、表面附着物（包括岩层、土层、沙层等）剥离和清理等工程作业。

二、"业财税法融合"控税的基本逻辑：企业的财税处理与合法的业务流程相匹配

"业财税法融合"控税的基本逻辑是企业的财税处理与合法的业务流程相匹配。具体而言，体现在以下几点：

首先，企业对经济业务的财务处理、税务处理，必须与业务流程、业务模式相匹配。不同的业务流程涉及企业如何进行核算、如何进行税务处理。

其次，企业的业务流程和业务模式必须在合法框架下进行。绝对不可以从事违法的经营行为。

再次，企业在对经济业务进行账务处理、税务处理时，一般是依据《企业会计准则》和税法的规定进行财税处理。

最后，企业对其从事合法的业务流程、业务模式进行财务处理、税务处理时，往往涉及现有的《企业会计准则》和税法规定的依据不足，基于财税法风险管控目的，必须依据现有的《中华人民共和国民法典》、最高人民法院的一些司法解释以及相关的民商法规定进行财务、税务处理。

例如，《中华人民共和国建筑法》规定，挂靠一家建筑公司资质从事承接业务的行为（以下简称"挂靠行为"）是违法行为，而财税〔2016〕36

号文件规定，建筑工程总分包行为，总包可以扣除分包的销售额，实行差额征收增值税优惠政策。当分包方是被挂靠的建筑企业，与建筑总承包资质企业签订总分包合同时，总承包方要享受差额征收增值税政策，在法律上，总承包方与被挂靠方必须签订分包合同。在财务上，必须实行报账制度，即挂靠方在施工过程中发生的各类成本费用，应开具以被挂靠方为抬头的发票，统一交给被挂靠方进行账务核算，所有的资金都以被挂靠方的账户进行收支结算。在工程结算上，挂靠方必须以被挂靠方的名义与总包方进行结算。通过以上方法，就可以依据税法规定进行差额征收增值税。因此，企业税收安全的提升必须遵循业务流程，法务、财务和税务相互融合。

案 例 分 析

酒店住宿费的"业财税法融合"控税

一、基本情况

发生酒店住宿费的两种业务模式为：①企业的雇员到企业注册地以外的地方出差居住酒店所发生的酒店住宿费用；②企业为接待客户，与企业注册地的酒店签订协议，按照一定的协议价格安排客户居住所发生的酒店住宿费用。

二、"业财税法融合"控税分析

（一）两种业务模式下酒店住宿费用的财务处理

《企业会计准则——管理费用》规定，"管理费用"科目是核算企业为组织和管理企业生产经营所发生的管理费用，包括企业在筹建期间内发生的开办费、董事会和行政管理部门在经营管理中发生的或者应由企业统一负担的公司经费（包括行政管理部门职工工资及福利费、物料消耗、低值易耗品摊销、办公费和差旅费等）、工会经费、董事会费（包括董事会成员津贴、会议费和差旅费等）、聘请中介机构费、咨询费（含顾问费）、诉讼费、业务招待费、房产税、车船税、土地使用税、印花税、技术转让费、矿产资源补偿费、研究费用、排污费等。因此，两种业务模式下酒店住宿费用的账务处理如下：

（1）业务模式一的账务处理：

借：管理费用——差旅费——酒店住宿费

  贷：库存现金或银行存款

（2）业务模式二的账务处理：

借：管理费用——业务招待费——酒店住宿费

  贷：银行存款或库存现金

（二）两种业务模式下酒店住宿费用的税务处理

1. 增值税的处理

《财政部 国家税务总局关于全面推开营业税改征增值税试点的通知》（财税〔2016〕36号）附件1第二十五条规定，只要业务是真实的，**因公出差支付住宿费，取得的增值税专用发票的进项税额是可以抵扣的。**

财税〔2016〕36号附件1第二十七条第1~6款规定，用于简易计税方法计税项目、免征增值税项目、集体福利或者个人消费的购进货物、加工修理修配劳务、服务、无形资产和不动产的增值税进项税不可以抵扣。其中涉及的固定资产、无形资产、不动产，仅指专用于上述项目的固定资产、无形资产（不包括其他权益性无形资产）、不动产。纳税人的交际应酬消费属于个人消费。

基于以上税法的规定，两种业务模式发生的酒店住宿费用的增值税处理如下：

第一，业务模式一发生的酒店住宿费用的增值税进项税额可以抵扣。

第二，业务模式二发生的酒店住宿费用的增值税进项税额不可以抵扣。

因此，实务中，用于集体福利或者个人消费发生的住宿费不能进项税额抵扣，如企业年会属于福利费，发生的住宿费不能进项税额抵扣。再如企业招待费中，发生的住宿费不能进项税额抵扣。

2. 企业所得税的处理

《中华人民共和国企业所得税法实施条例》第八、第九条规定，与企业生产经营有关的合理的支出，都可以在企业所得税前进行扣除。基于此税法的规定，企业发生的以上两种业务模式的酒店住宿费用都与企业的生产经营有关，可以在企业所得税前进行扣除。

（三）两种业务模式下的酒店住宿费用的法务处理

要证明企业发生的以上两种业务模式的酒店住宿费用都与企业的生产经营有关，实现可以在企业所得税前进行扣除的目的，必须进行以下法务处理：

第一,业务模式一的法务处理:出差的员工与企业(用人单位)必须签订劳动合同,企业依法给出差员工依法缴纳社保费用以及依法代扣代缴出差员工本人承担的社保费用。

第二,业务模式二的法务处理:企业必须与协议酒店签订合作协议,协议中约定每天酒店住宿费用的费用标准,酒店给企业提供客户住宿退房记录明细。

三、"业财税法融合"控税的实操要点

"业财税法融合"控税实操要点的关键是:在处理每笔经济业务的财税处理时,必须遵循以下三点:①税务处理需要参照有关法律规定。即在按照税法条文的规定进行税务处理时,对税法条文中没有明确规定的地方,需要相关法律的规定进行佐证。②税法上没有规定的,必须依据民商法的相关规定进行税务处理。即当一笔经济业务的税务处理,在税法没有相关规定的情况下,必须以相关法律、司法解释中的规定为主。③企业在进行账务处理时,必须依据税法、《企业会计准则》和相关民商法的相关条款规定进行。

(一) 依据税法条文与相关法律条文规定相互融合佐证进行税务处理

所谓的"**税法条文与相关法律条文规定相互融合佐证**"是指在依据税法条文的规定进行税务处理时,对税法条款没有明确规定或规定含糊不清的地方,需要依据相关法律的条款规定进行佐证。

例如,《财政部 国家税务总局关于房产税、城镇土地使用税有关政策的通知》(财税〔2006〕186号)第二条规定:"以出让或转让方式有偿取得土地使用权的,应由受让方从合同约定交付土地时间的次月起缴纳城镇土地使用税;合同未约定交付土地时间的,由受让方从合同签订的次月起缴纳城镇土地使用税。"《国家税务总局关于通过招拍挂方式取得土地缴纳城镇土地使用税问题的公告》(国家税务总局公告2014年第74号)规定:通过招标、拍卖、挂牌方式取得的建设用地,不属于新征用的耕地,纳税人应按照《财政部 国家税务总局关于房产税城镇土地使用税有关政策的通知》(财税〔2006〕186号)第二条规定,从合同约定交付土地时间的次月起缴纳城镇土地使用税;合同未约定交付土地时间的,从合同签订的次月起缴纳城镇土地使用税。这税法中的"土地"到底是"生地"还是"熟地"呢?该税法

没有规定，因此，要找到相关土地规定的法律进行佐证。根据《国土资源部、住房和城乡建设部关于进一步加强房地产用地和建设管理调控的通知》（国土资发〔2010〕151号）第四条的规定，土地出让必须以宗地为单位提供规划条件、建设条件和土地使用标准，严格执行商品住房用地单宗出让面积规定，不得将两宗以上地块捆绑出让，不得"毛地"出让。基于以上法律规定，财税〔2006〕186号第二条和国家税务总局公告2014年第74号文件中的"土地出让"是"熟地"出让，而不是"生地"出让。

案例分析

某建筑企业增值税纳税义务时间确定的税务处理

一、基本情况

乙路桥施工企业与业主甲公路局签订的建筑总承包合同中"合同款支付方式"条款约定如下：甲公路局按照季度已经完成工程量的80%支付工程款，项目验收合格后支付至90%，审计后支付至95%，剩余质量保证金5%，待项目验收合格满一年后付清。根据以上合同的约定，判断乙路桥施工企业工程款支付的增值税纳税义务时间如何确定？施工企业与税务局发生争议：税务局认为乙路桥施工企业必须按照甲公路局签字确认的每季度已经完成的工程量全面申报缴纳增值税；乙路桥施工企业认为增值税纳税义务时间确定如下：

（1）根据双方签订建筑合同中"合同款支付方式"条款的约定：按照季度已经完成工程量的80%支付工程款的增值税纳税义务时间是每季度施工企业与发包方双方负责人签订工程计量确认单所在月的下一个月的增值税报税期。

（2）根据双方签订建筑合同中"合同款支付方式"条款的约定：项目验收合格后支付至90%，即新增支付10%（90%-80%）工程进度款的增值税纳税义务时间是项目验收合格后，发包方新增支付10%（90%-80%）工程进度款的当天，在支付当天的下个月的增值税申报期报税。

（3）根据双方签订建筑合同中的"合同款支付方式"条款的约定：审计后支付至95%，即新增支付5%（95%-90%）工程进度款的增值税纳税义务时间是审计后，发包方新增支付5%（95%-90%）工程进度款的当天，在支付当天的下个月的增值税申报期报税。

（4）根据双方签订建筑合同中"合同款支付方式"条款的约定：剩余质量保证金5%，待项目验收合格满一年后付清，剩余质量保证金5%的增值税纳税义务时间是，发包方项目验收合格满一年后付清的当天，在支付当天的下个月的增值税申报期报税。

请分析应如何确定工程进度款的增值税纳税义务时间。

二、税务处理分析

（一）增值税纳税义务时间的税收法律依据

财税〔2016〕36号文件附件1《营业税改征增值税试点实施办法》第四十五条关于"增值税纳税义务、扣缴义务发生时间"的规定如下：

（1）纳税人发生应税行为并收讫销售款项或者取得索取销售款项凭据的当天；先开具发票的，为开具发票的当天。收讫销售款项，是指纳税人销售服务、无形资产、不动产过程中或者完成后收到款项。取得索取销售款项凭据的当天，是指书面合同确定的付款日期；未签订书面合同或者书面合同未确定付款日期的，为服务、无形资产转让完成的当天或者不动产权属变更的当天。

（2）纳税人提供建筑服务、租赁服务采取预收款方式的，其纳税义务发生时间为收到预收款的当天。纳税人提供租赁服务采取预收款方式的，其纳税义务发生时间为收到预收款的当天。

《财政部 税务总局关于建筑服务等营改增试点政策的通知》（财税〔2017〕58号）《营业税改征增值税试点实施办法》第二条规定：财税〔2016〕36号第四十五条第（二）项修改为"纳税人提供租赁服务采取预收款方式的，其纳税义务发生时间为收到预收款的当天"。

（二）建筑企业增值税纳税义务时间确定的法律分析

基于以上法律规定，建筑企业增值税纳税义务时间的分析如下：

1. 建筑企业收到发包方的预付账款（对施工企业而言是预收账款）的增值税纳税义务时间确定的法律分析

《财政部 税务总局关于建筑服务等营改增试点政策的通知》（财税〔2017〕58号）第二条财税〔2016〕36号文件附件1《营业税改征增值税试点实施办法》第四十五条第（二）项规定，**自2016年5月1日至2017年6月30日之前，建筑企业收到发包方的预付账款（对施工企业而言是预收账**

款) 的增值税纳税义务时间是施工企业收到 "预收账款" 的当天。自 2017 年 7 月 1 日之后，建筑企业收到发包方的预付账款（对施工企业而言是预收账款）的增值税纳税义务时间绝对不是施工企业收到 "预收账款" 的当天。因此，建筑企业收到 "预收账款" 的增值税纳税义务时间分以下两种情况确定：

第一，在发包方支付预付账款给施工企业，强行要求施工企业先开具发票给发包方的情况下，根据财税〔2016〕36 号文件附件 1《营业税改征增值税试点实施办法》第四十五条第（一）项 "先开具发票的，为开具发票的当天" 的规定，则施工企业收到发包方的预收账款的增值税纳税义务时间是在收到预收账款的当天。

第二，在发包方支付预付账款给施工企业，不要求施工企业先开具发票给发包方的情况下，《关于增值税发票管理若干事项的公告》（国家税务总局公告〔2017〕45）文件《附件：商品和服务税收分类编码表》中 "合并编码 612：建筑预收款" 的规定，建筑企业收到发包方的预收账款，直接在开票系统选择 "税收分类与编码 612：建筑预收款" 开具 "不征税项目" 的增值税普通发票（该票相当于收据）。因此，建筑企业收到发包方的预收账款，发包方不要求施工企业先开具发票的情况下，则增值税纳税义务时间不是在收到预收账款的当天，应该参照财税〔2016〕36 号文件附件 1《营业税改征增值税试点实施办法》第四十五条第（一）项规定进行判断。即如果发包方支付预付账款给施工企业，不要求施工企业先开具发票给发包方的情况下，则预收账款的增值税纳税义务时间为：发包方今后与施工企业进行工程进度结算时，用预收账款抵减工程进度结算款时的结算当天。

2. 建筑企业工程进度结算款的增值税纳税义务时间确定的法律分析

建筑企业与发包方的工程进度款增值税纳税义务时间分为两种情况：一是发包方已经支付部分工程进度款的增值税纳税义务时间；二是发包方拖欠已经结算或计量的部分工程进度款的增值税纳税义务时间。具体分析如下：

第一，发包方已经支付部分工程进度款的增值税纳税义务时间的确定分析。

财税〔2016〕36 号文件附件 1《营业税改征增值税试点实施办法》第四十五条第（一）项 "关于增值税纳税义务时间" 规定：纳税人发生应税行为并收讫销售款项或者取得索取销售款项凭据的当天。根据此规定，建筑企业在施工过程中与发包方进行工程计量和工程进度结算时的增值税纳税义务时间必须同时具备以下三个条件：

（1）建筑企业提供了建筑劳务。

特别提醒："建筑企业提供建筑劳务"，在实践中以施工企业与发包方双方负责人共同签字确认的工程计量确认单作为标志。

（2）建筑施工企业收到了工程进度款项或者取得索取销售款项凭据的当天。

特别提醒：实践中，"取得索取销售款项凭据"是指以施工企业与发包方双方负责人共同签字确认的"工程计量确认单或者工程进度款结算单"。

（3）以上两个条件必须同时具备。

因此，基于以上三个条件，如果发包方与施工企业进行了工程进度计量，且发包方已经支付部分工程进度款的增值税纳税义务时间为建筑施工企业收到发包方工程进度款的当天，建筑企业施工企业必须向发包方开具增值税发票，如果没有开具发票，必须按照未开票收入申报增值税。

第二，发包方拖欠已经结算或计量的部分工程进度款的增值税纳税义务时间确定分析。

针对如何确定"发包方拖欠已经结算或计量的部分工程进度款的增值税纳税义务时间"问题，到底是按照建筑施工企业与发包方签订工程计量报告或签订工程进度结算报告的当天确定，还是按照建筑企业与发包方签订"建筑合同"中的"工程计量和工程款支付"条款中约定的"工程进度款支付时间"确定？税收分析如下：

财税〔2016〕36号文件附件1《营业税改征增值税试点实施办法》第四十五条第（一）项规定"以上增值税纳税义务时间必须同时满足的三个条件"，发包方拖欠的工程进度款的增值税纳税义务时间是：纳税人发生应税行为并取得索取销售款项凭据的当天。第四十五条第（一）项第二款规定，"取得索取销售款项凭据的当天"是指"书面合同确定的付款日期；未签订书面合同或者书面合同未确定付款日期的，为服务完成的当天"。在理解本条税法规定时，必须特别注意"书面合同""确定""付款日期"的界定。具体法律界定分析如下：

（1）"书面合同"的法律界定。《中华人民共和国民法典》第四百六十四条：合同是民事主体之间设立、变更、终止民事法律关系的协议。第四百六十九条：当事人订立合同，可以采用书面形式、口头形式或者其他形式。书面形式是合同书、信件、电报、电传、传真等可以有形地表现所载内容的形式。以电子数据交换、电子邮件等方式能够有形地表现所载内容，并可以随时调取查用的数据电文，视为书面形式。第七百八十九条：建设工程合同应当采用书面形式。基于此规定，财税〔2016〕36 号文件第四十五条规定的"书面合同"是指明确发包方与建筑施工方直接设立、变更、终止民事法律关系的书面协议：建设工程合同、工程计量确认书、工程进度款结算书、工程决算书和工程签证报告。

（2）"确定"和"约定""付款日期"的界定含义。"约定"是指当事人双方意思表示达成一致。在法律上，权利与义务分为法定和约定两种，法定是指由法律直接规定，而约定就是指双方自愿设定，只要约定内容不违反法律法规，就对双方都有约束力。所谓"确定"是指"弄清，确定，查明"的意思。"日期"是指发生某一事情的确定日子或时期，一般指某年某月某日，"付款日期"是指在某年某月某日付款。

（3）"书面合同确定的付款日期"与"书面合同约定的付款日期"的区别。根据以上对"确定""约定""日期"和"付款日期"的文字含义的理解，"书面合同约定的付款日期"是指签订合同的双方当事人达成意思表示一致，在书面合同中约定的具体付款日期。"书面合同确定的付款日期"是指签订合同的双方当事人在书面合同中没有明确具体的付款日期，而是要通过合同中的相关条款约定，弄清、确定付款的某一日期、某一时间段。

书面合同中"付款时间"确定的法律依据及其确定标准：

《中华人民共和国民法典》第六百二十八条（或《中华人民共和国合同法》第一百六十一条） 买受人应当按照约定的时间支付价款。对支付时间没有约定或者约定不明确，依据本法第五百一十条（或《中华人民共和国合同法》第六十一条）的规定仍不能确定的，买受人应当在收到标的物或者提取标的物单证的同时支付。

第五百一十条 合同生效后，当事人就质量、价款或者报酬、履行地点等内容没有约定或者约定不明确的，可以协议补充；不能达成补充协议的，按照合同相关条款或者交易习惯确定。

第五百一十一条 当事人就有关合同内容约定不明确，依据前条规定仍不能确定的，适用下列规定：

（一）质量要求不明确的，按照强制性国家标准履行；没有强制性国家标准的，按照推荐性国家标准履行；没有推荐性国家标准的，按照行业标准履行；没有国家标准、行业标准的，按照通常标准或者符合合同目的的特定标准履行。

（二）价款或者报酬不明确的，按照订立合同时履行地的市场价格履行；

依法应当执行政府定价或者政府指导价的，依照规定履行。

（三）履行地点不明确，给付货币的，在接受货币一方所在地履行；交付不动产的，在不动产所在地履行；其他标的，在履行义务一方所在地履行。

（四）履行期限不明确的，债务人可以随时履行，债权人也可以随时请求履行，但是应当给对方必要的准备时间。

（五）履行方式不明确的，按照有利于实现合同目的的方式履行。

（六）履行费用的负担不明确的，由履行义务一方负担；因债权人原因增加的履行费用，由债权人负担。

基于以上法律规定，建筑工程书面合同中的 "付款日期" 确定标准或方法如下：

如果建筑合同中明确约定了付款的具体时间，则 "付款日期" 是建筑合同中约定的付款日期。

如果建筑合同中没有明确约定付款日期，且合同双方当事人签订了具体付款日期的补充协议，则以补充协议中约定的付款日期作为合同中的付款时间。

如果建筑合同中没有明确约定具体的付款日期，且不能达成补充协议的，则按照合同相关条款或者交易习惯确定。在建筑工程领域中的 "合同相关条款" 是指 "工程进度结算书、工程款最终结算书、工程计量确认书"，"交易习惯" 是指 "按照每月或每季度双方签字确认的工程计量确认单的一定比例，例如60%或80%，在多少日之内或在下个月或下个季度前支付工程款，剩余的工程款扣除一定比例的质量保证金后，在工程竣工验收合格后或在工程竣工验收合格并经审计后进行支付完毕"。

如果建筑合同中没有明确约定具体的付款日期，且不能达成补充协议，也不能按照合同相关条款或者交易习惯进行确定，则按照以下方法确定付款日期：履行期限不明确的，债务人可以随时履行，债权人也可以随时请求履行，但是应当给对方必要的准备时间。即工程部分完工或最后完工，进行了工程计量确认，建筑合同中 "付款日期" 约定不明确，则把发包方实际付款的具体时间点确定为付款时间。

如果没有签订书面的建筑合同或相关合同或者签订的书面合同中没有确定 "付款日期"，则把发包方与施工方签订工程计量确认单的当天，即建筑服务部分或最后完成的当天确定为 "付款日期"。

基于以上税法和《中华人民共和国民法典》（或《中华人民共和国合同

法》）的规定分析，建筑企业与发包方进行工程进度计量后，或工程进度结算后，发包方拖欠施工企业工程进度款的增值税纳税义务时间分以下两种情况进行确定：

第一，如果建筑施工企业与发包方签订的建筑施工合同中的"工程款结算支付"条款中约定：发包方按照一定的时间节点（按月或按季度）进行工程计量，计量后，按照双方负责人签字确认的已完成的工程计量的一定比例（80%或60%）向发包方支付工程进度款，剩下的工程进度款扣除3%的质量保证金于工程竣工验收合格后再进行支付。则发包方拖欠的工程进度款的增值税纳税义务时间是今后工程竣工验收合格后支付工程款的具体时间。

第二，如果建筑施工企业与发包方签订的建筑施工合同中的"工程款结算支付"条款中没有约定：发包方按照一定的时间节点（按月或按季度）进行工程计量，计量后，按照双方负责人签字确认的已完成的工程计量的一定比例（80%或60%）向发包方支付工程进度款，剩下的工程进度款扣除3%的质量保证金于工程竣工验收合格后再进行支付。则发包方拖欠的工程进度款的增值税纳税义务时间是建筑施工企业与发包方进行工程计量报告或工程进度结算报告签订之日。

（三）建筑企业工程进度款的增值税纳税义务时间分析

发包方拖欠的工程进度款的增值税纳税义务时间依照"合同中付款日期"而确定，具体方法如下：

（1）如果建筑合同中明确约定了未来付款的具体时间，则发包方拖欠的工程进度款的增值税纳税义务时间是建筑合同中约定的具体付款日期。

（2）如果建筑合同中没有明确约定未来具体付款日期，且合同双方当事人签订了未来具体付款日期的补充协议，则发包方拖欠的工程进度款的增值税纳税义务时间为补充协议中约定的具体付款日期。

（3）如果建筑合同中没有明确约定未来付款日期，且不能达成未来付款具体日期的补充协议，但是在建筑施工企业与发包方签订的建筑施工合同中的"工程款结算支付"条款中约定：发包方按照一定的时间节点（按月或按季度）进行工程计量，计量后，按照双方负责人签字确认的已完成的工程计量的一定比例（80%或60%）向发包方支付工程进度款，剩下的工程进度款扣除3%的质量保证金后于工程竣工验收合格后再进行支付。拖欠工程款的增值税纳税义务时间则为工程竣工验收合格后支付工程款的具体时间。

（4）如果建筑施工企业与发包方签订的建筑施工合同中的"工程款结算支付"条款中没有约定：发包方按照一定的时间节点（按月或按季度）进

行工程计量，计量后，按照双方负责人签字确认的已完成的工程计量的一定比例（80%或60%）向发包方支付工程进度款，剩下的工程进度款扣除3%的质量保证金后于工程竣工验收合格后再进行支付。则发包方拖欠的工程进度款的增值税纳税义务时间是建筑施工企业与发包方进行工程计量报告或工程进度结算报告签订之日。

（四）分析结论

根据以上建筑企业增值税纳税义务时间确认的分析，乙施工企业的建筑工程增值税纳税义务时间的判断标准如下：

（1）根据双方签订建筑合同中"合同款支付方式"条款的约定：按照季度已经完成工程量的80%支付工程款的增值税纳税义务时间是每季度施工企业与发包方双方负责人签订工程计量确认单所在月的下一个月的增值税报税期。

（2）根据双方签订建筑合同中"合同款支付方式"条款的约定：项目验收合格后支付至90%，即新增支付10%（90%-80%）工程进度款的增值税纳税义务时间是项目验收合格后，发包方新增支付10%（90%-80%）工程进度款的当天，在支付当天的下个月的增值税申报期报税。

（3）根据双方签订建筑合同中"合同款支付方式"条款的约定：审计后支付至95%，即新增支付5%（95%-90%）工程进度款的增值税纳税义务时间是审计后，发包方新增支付5%（95%-90%）工程进度款的当天，在支付当天的下个月的增值税申报期报税。

（4）根据双方签订建筑合同中"合同款支付方式"条款的约定：剩余质量保证金5%，待项目验收合格满一年后付清，剩余质量保证金5%的增值税纳税义务时间是发包方项目验收合格满一年后付清的当天，在支付当天的下个月的增值税申报期报税。

因此，本案例中乙施工企业的观点是正确的，而税务局的观点是错误的。

（二）依据民商法及司法解释的相关条款规定进行税务处理

所谓的"依据民商法及司法解释的相关条款规定进行税务处理"是指每一笔经济业务的税务处理，在税法上没有规定的情况下，必须以相关法律、司法解释中的规定为主。

案例分析

拥有土地使用权的工业企业与房地产公司合作建房分配利润的涉税

一、基本情况

甲房地产置业有限公司成立于2011年11月，注册资金1000万元，股东及投资金额分别为：乙机械有限公司以现金出资540万元，丙房地产开发有限公司以现金出资360万元，自然人李明以现金出资100万元。该公司现正在开发的项目是位于新疆奎屯市的某家园小区，本项目占用的土地在乙机械有限公司名下，其中乙机械有限公司与甲房地产置业有限公司均为同一自然人法人代表。具体情况介绍如下：

(1) 土地由来及土地变性情况。乙机械有限公司是于2012年因收购了原一国营老厂而成立的公司，其占有土地约147亩，土地性质为工业用地，使用年限50年，乙机械有限公司以加工制造业为主，在2015年应城市规划要求，把此地块变性为住宅用地，2015年4月经过"招拍挂"程序，乙机械有限公司补交了1400万元土地出让金，土地部门将补交土地出让金的发票开给乙机械有限公司，该宗土地从工业用地转换为住宅用地，使用期限70年，土地使用权证上的名字为乙机械有限公司。

(2) 项目的立项报建情况。为尽早开发房地产项目，2020年乙机械有限公司搬迁至另一处工业园区。乙机械有限公司出147亩土地，甲房地产置业有限公司出资金，二者不组建项目公司，进行**联合立项和联合报建，进项合作建房，合作建房合同约定：出地一方和出资金一方将按照一定比例分配税后利润**。其中乙机械有限公司土地上的建筑物和相关设施被甲房地产置业有限公司进行了拆除，甲房地产置业有限公司给予乙机械有限公司补偿。由于立项及办理预售许可证的需要，经土地局同意，在乙机械有限公司的土地证上加上了甲房地产置业有限公司的名字，即该147亩建设用地的土地使用证上的名字是乙机械有限公司和甲房地产置业有限公司，但147亩土地的土地成本（账面价值1700万元）都在乙机械有限公司账上，即甲房地产置业有限公司账上没有土地成本。

(3) 建筑施工过程中的发票开具和合同流程情况。甲房地产置业有限公司与建筑公司签订包工包料合同, 建筑公司与乙机械有限公司签订建筑材料采购合同, 同时乙机械有限公司与建筑材料供应商签订建筑材料采购合同, 建筑材料供应商开增值税专用发票给乙机械有限公司 (乙机械有限公司为一般纳税人, 经营范围含从事材料贸易), 乙机械有限公司再销售建筑材料给建筑公司, 并开增值税专用发票给建筑公司, 建筑公司再开建筑业增值税专用发票给甲房地产置业有限公司。

请问: 乙机械有限公司账上的土地成本怎样才能转到甲房地产置业有限公司的账上? 乙机械有限公司与甲房地产置业有限公司之间合作建房应如何进行税务处理?

二、涉税分析及税务处理建议

(一) 相关法律依据

《中华人民共和国城市房地产管理法》(中华人民共和国主席令第 72号) 第二十八条规定: "依法取得的土地使用权, 可以依照本法和有关法律、行政法规的规定, 作价入股, 合资、合作开发经营房地产。"

最高人民法院《关于审理涉及国有土地使用权合同纠纷案件适用法律问题的解释》(法释〔2005〕5 号) 规定, 本解释所称的合作开发房地产合同, 是指当事人订立的以提供出让土地使用权、资金等作为共同投资, 共享利润、共担风险合作开发房地产为基本内容的协议。合作开发房地产合同的当事人一方具备房地产开发经营资质的, 应当认定合同有效。按上述司法解释, 合作建房需要符合以下几个条件: 一是必须以合作双方名义办理合建审批手续; 二是办理土地使用权变更登记; 三是其中一方应该具有房地产开发经营资质。

《房地产开发经营业务企业所得税处理办法》(国税发〔2009〕31 号) 第三十一条第 (一) 项第一款规定: "企业、单位以换取开发产品为目的, 将土地使用权投资企业的, 换取的开发产品如为该项土地开发、建造的, 接受投资的企业在接受土地使用权时暂不确认其成本, 待首次分出开发产品时, 再按应分出开发产品 (包括首次分出的和以后应分出的) 的市场公允价值和土地使用权转移过程中应支付的相关税费计算确认该项土地使用权的成本。如涉及补价, 土地使用权的取得成本还应加上应支付的补价款或减除应收到的补价款。"

《房地产开发经营业务企业所得税处理办法》(国税发〔2009〕31 号) 第三十六条第 (二) 项规定: "企业以本企业为主体联合其他企业、单位、个人合作或合资开发房地产项目, 且该项目未成立独立法人公司的, 凡开发合同或协议中约定分配项目利润的，企业应将该项目形成的营业利润额并入当期应纳税所得额统一申报缴纳企业所得税，不得在税前分配该项目的利润，不能因接受投资方投资额而在成本中摊销或在税前扣除相关的利息支出。同时，投资方取得该项目的营业利润应视同股息、红利进行相关的税务处理。"

最高人民法院《关于审理涉及国有土地使用权合同纠纷案件适用法律问题的解释》（法释〔2005〕5号）第十四条规定："本解释所称的合作开发房地产合同，是指当事人订立的以提供出让土地使用权、资金等作为共同投资，共享利润、共担风险合作开发房地产为基本内容的协议。"第十五条规定："合作开发房地产合同的当事人一方具备房地产开发经营资质的，应当认定合同有效。"

最高人民法院《关于审理房地产管理法施行前房地产开发经营案件若干问题的解答》（法发〔1996〕2号）第五条关于以国有土地使用权投资合作建房问题做出如下规定：享有土地使用权的一方以土地使用权作为投资与他人合作建房，签订的合建合同是土地使用权有偿转让的一种特殊形式，除办理合建审批手续外，还应依法办理土地使用权变更登记手续。当事人签订合建合同，依法办理了合建审批手续和土地使用权变更登记手续，不因合建一方没有房地产开发经营权而认定合同无效。名为合作建房实为土地使用权转让的合同，可按合同实际性质处理。

最高人民法院《关于审理涉及国有土地使用权合同纠纷案件适用法律问题的解释》（法释〔2005〕5号）第二十四条规定："合作开发房地产合同约定提供土地使用权的当事人不承担经营风险，只收取固定利益的，应当认定为土地使用权转让合同。"

（二）涉税处理分析

（1）乙机械有限公司账上147亩土地的成本（账面价值1700万元）能否转到甲房地产置业有限公司的账上？

本案例中的非房地产公司乙机械有限公司与具有房地产开发资质的甲房地产置业有限公司不组建项目公司，进行联合立项和联合报建，进行合作建房，并在合作建房合同中约定：乙机械有限公司不承担经营风险，出地一方（乙机械有限公司）和出资金一方（甲房地产置业有限公司）将按照一定比例分配税后利润。最高人民法院《关于审理涉及国有土地使用权合同纠纷案件适用法律问题的解释》（法释〔2005〕5号）第二十四条规定，合作开发房地产合同约定提供土地使用权的当事人不承担经营风险，只收取固定利益的，应当认定为土地使用权转让合同。基于此规定，从法律角度分析，本案例中的非房地产公司乙机械有限公司实质上发生了转让土地使用权给甲房地产置业有限公司的行为，可是在立项前，经当地土管部门的同意，在乙机械有限公司名下的土地使用权证上增添了甲房地产置业有限公司的名字，这相当于该开发项目所占的土地147亩是乙机械有限公司和甲房地产置业有限公司共同购买的，不过甲房地产置业有限公司购买该土地的价款是拖欠的，其土地成本是今后开发完的产品销售完毕分配给乙机械有限公司的税后利润。因此，乙机械有限公司账上147亩土地的成本（账面价值1700万元）不能转到甲房地产置业有限公司的账上。但是，根据财税〔2016〕47号文件第三条第（三）项，纳税人转让2016年4月30日前取得的土地使用权，可以选择适用简易计税方法，以取得的全部价款和价外费用减去取得该土地使用权的原价后的余额为销售额，按照5%的征收率计算缴纳增值税。因此，乙机械有限公司只能按照5%税率，以乙机械有限公司从甲房地产置业有限公司分配的税后利润减去乙机械有限公司账上147亩土地的成本（账面价值1700万元），实行差额征收增值税。乙机械有限公司按照从甲房地产置业有限公司分配的税后利润金额，给甲房地产置业有限公司开具增值税专用发票，作为甲房地产置业有限公司的入账成本。

（2）乙机械有限公司与甲房地产置业有限公司之间合作建房应如何进行税务处理？

本案例的涉税处理如下：

第一，乙机械有限公司销售一部分土地使用权给甲房地产置业有限公司，按照销售无形资产——土地缴纳增值税、土地增值税、企业所得税。增值税的计税依据是该项目开发完工销售完毕后，甲房地产置业有限公司分配给乙机械公司的税后利润。

第二，甲房地产置业有限公司作为开发项目的经营管理主体，销售开发产品依法缴纳增值税、土地增值税和企业所得税，其中土地成本为该项目开发完工销售完毕后，甲房地产置业有限公司分配给乙机械有限公司的税后利润。

（三）依据税法、《企业会计准则》和民商法的相关条款规定进行税务处理

"依据税法、《企业会计准则》和民商法的相关条款规定进行账税处理"是指企业的财务处理有时依据《企业会计准则》规定还不够，还要结合税法

和民商法的相关条款规定进行处理。

案例分析

设立农民工工资专用账户的建筑总承包企业代发劳务公司农民工工资的"业财税法融合"控税

一、基本情况

A公司为一般纳税人，为施工总承包单位，采取一般计税方法，将其中某专业作业劳务分包给B公司，B公司选择简易计税方法。当月，双方经过验工劳务计价，劳务工程量1000万元（含税），约定A公司通过农民工工资专户代发与B公司签订固定期限劳动合同的农民工工资500万元，转账支付B公司300万元的工程款，200万元劳务工程款竣工结算后一次性支付。B公司按实际收到的工程款和代发工资合计数800万元为A公司开具增值税专用发票，未收到的工程款，约定收到工程价款后再开具增值税专用发票。

请分析设立农民工工资专用账户的施工总承包单位A公司、B公司的账务处理。农民工工资个税和社保费用是由施工总承包单位A公司还是B劳务公司进行代扣代缴？农民工工资表和工时考勤表身份证复印件是作为施工总承包单位A公司还是作为B公司的会计核算凭证？

二、"业财税法融合"控税分析

（一）业务模式

本案例中的业务操作模式是：建筑总承包方A公司与B公司之间结算工程进度款，A公司按照工程进度款的一定比例通过其设立的农民工工资专户代发劳务公司的农民工工资，同时支付B公司一部分劳务款，拖欠另一部分劳务款。

（二）税务处理

本案例中的税务处理涉及农民工工资是由建筑总承包方A公司还是B劳务公司代扣代缴个人所得税？社保入税后的农民工社保费用是由建筑总承包方A公司还是由B劳务公司进行代扣代缴？

要正确进行以上两方面的税务处理，必须依据《中华人民共和国劳动合同法》《中华人民共和国社会保险法》《企业会计准则》和《中华人民共和国个人所得税法》的规定进行财税处理。

《中华人民共和国劳动合同法》规定，企业的用工关系分为劳动关系和劳务关系。"劳动关系"是指用工单位与雇员签订劳动合同的用工关系；"劳务关系"是指用人单位与劳动者签订劳务合同的用工关系。用工单位与用人单位有严格的区别，用人单位是与雇员签订劳动合同的单位，用工单位是指实际使用雇员劳动的单位。用人单位与用工单位可以是相同的单位，也可以是不同的单位。《中华人民共和国社会保险法》和《中华人民共和国个人所得税法》规定，用工单位不是雇员社保费用和个税的扣缴义务人，而用人单位是雇员社保费用和个税的扣缴义务人。

基于以上法律规定，本案例中的建筑总承包方A公司是用工单位，B劳务公司是用人单位。因此，建筑总承包方A公司是与B公司签订劳动合同的农民工个税和社保费用的代扣代缴义务人。

（三）设立农民工工资专用账户代发劳务公司农民工工资的账务处理

根据以上税法、法律的规定，农民工的工资表、工时考勤表、身份证复印件是B公司而不是建筑总承包方A公司的会计核算凭证。有关的账务处理如下：

1. 建筑企业总承包方发生劳务分包工程结算的会计核算（劳务公司向建筑总承包方开增值税专用发票）及凭证管理

（1）会计核算。

借：合同履约成本——工程施工——劳务分包合同成本

　　应交税费——应交增值税（待认证抵扣进项税额）[（支付劳务公司

　　　　　　　　部分劳务款+通过农民工工资专户代发农民工工资）÷

　　　　　　　　(1+3%)×3%]

　　贷：应付账款（建筑分包合同中约定拖欠的部分劳务款到工程验收

　　　　合格后再进行支付）

　　　　银行存款　　通过总承包方农民工工资专户代发农民工工资

　　　　　　　　——支付劳务公司部分劳务款

当建筑企业总承包方认证抵扣增值税专用发票时的会计核算：

借：应交税费——应交增值税（进项税额）

　　贷：应交税费——应交增值税（待认证抵扣进项税额）[（支付劳务

　　　　　　　　公司部分劳务款+通过农民工工资专户代发农民

　　　　　　　　工工资）÷(1+3%)×3%]

（2）会计核算凭证管理。

第一，劳务公司提供的其盖章且经农民工本人签字的农民工工资表、农民工工时考勤表、身份证复印件。

第二，劳务公司与建筑总承包方双方签字的劳务款进度结算单或工程劳务计量确认单。

第三，劳务公司开具的增值税专用（普通）发票，且在发票的"备注栏"标明建筑工程所在地的县（市、区）名称和项目名称。

第四，劳务公司与建筑总承包方签订的劳务分包合同和委托代付农民工工资委托协议书。

2. 劳务公司与建筑企业总承包方进行劳务结算收入的会计核算和凭证管理（劳务公司与农民工签订固定期限劳动合同的会计核算）

（1）会计核算。

借：银行存款——收到总承包方支付的部分劳务款

　　应付职工薪酬——通过农民工工资专户代付农民工工资

　　应收账款（建筑分包合同中约定拖欠的部分劳务款到工程最后验收合格后再进行支付）

　　贷：合同结算——价款结算［劳务公司与建筑总承包方结算的工程劳务款÷(1+3%)］

　　　　应交税费——应交增值税（销项税额）［(收到总承包方支付的部分劳务款+通过总承包方农民工工资专户代付农民工工资)÷(1+3%)×3%］

　　　　　　——待转销项税额［总承包方拖欠劳务公司的部分劳务工程进度款÷（1+3%）×3%］

（2）会计核算凭证管理。

第一，建筑总承包方农民工工资专户银行盖章的代付农民工工资流水单。

第二，劳务公司提供的其盖章且经农民工本人签字的农民工工资表、农民工工时考勤表、身份证复印件。

第三，劳务公司与建筑总承包方双方签字的劳务款进度结算单或工程劳务计量确认单。

第四，劳务公司开具的增值税专用（普通）发票，且在发票的"备注栏"标明建筑工程所在地的县（市、区）名称和项目的名称。

第五，劳务公司与建筑总承包方签订的劳务分包合同和委托代付农民工工资协议书。

（四）建筑企业总承包方 A 公司的账务处理

第一，当建筑企业总承包方 A 公司结算支付劳务进度款和代发农民工工资时的会计核算。

借：合同履约成本——劳务分包合同成本　　　976.7

　　应交税费——应交增值税（待认证抵扣进项税额）23.3[（500+

　　　　300)÷(1+3%)×3%]

　贷：银行存款——通过农民工工资专户代发 B 公司工资　500

　　　　　　——支付 B 公司工程款　　　　　　　300

　　应付账款——B 公司　　　　　　　　　　　200

第二，当建筑企业总承包方 A 公司认证抵扣增值税专用发票时的会计核算。

借：应交税费——应交增值税（进项税额）　　　23.3

　贷：应交税费——应交增值税（待认证抵扣进项税额）　23.3

第三，竣工结算时，收到 B 公司开具的 200 万元的增值税专用发票的会计核算。

借：应交税费——应交增值税（待认证抵扣进项税额）5.83 [200÷(1+

　　　3%）×3%]

　贷：合同履约成本——劳务分包合同成本　　　5.83

第四，当建筑企业总承包方 A 公司认证抵扣增值税专用发票时的会计核算。

借：应交税费——应交增值税（进项税额）　　　5.83

　贷：应交税费——应交增值税（待认证抵扣进项税额）　5.83

（五）B 劳务公司的账务处理

第一，劳务公司与建筑企业总承包方进行劳务结算收入的会计核算（劳务公司与农民工签订固定期限劳动合同的会计核算）。

借：银行存款——收到总承包方支付的部分劳务款　　300

　　应付职工薪酬——通过承包方农民工工资专户代付农民工工资

　　　　　　　　　　　　　　　　　　　　　　　500

　　应收账款（建筑分包合同中约定拖欠的部分劳务款到工程最后验收合格后再进行支付）　　　　　　　　　　　200

　贷：合同结算——价款结算[劳务公司与建筑总承包方结算的工程劳务款÷(1+3%)]　　　　　　　　　　　970.87

应交税费——应交增值税(销项税额)[(收到总承包方支付的
部分劳务款+通过农民工工资专户代付农民工工
资)÷(1+3%)×3%]   23.30
——待转销项税额[总承包方拖欠劳务公司的部分劳务
工程进度款÷(1+3%)×3%][200÷(1+3%)×3%]
                                   5.83

第二,竣工结算后,B公司开具200万元的增值税专用发票的会计核算。

借:应交税费——应交增值税(待转销项税额)   5.83
　　贷:应交税费——应交增值税(销项税额)   5.83

第三,劳务公司计提工资并由总承包方代为发放工资500万元的会计核算。

借:合同履约成本——人工费用   500
　　贷:应付职工薪酬——农民工工资   500

2

"业财税法融合"控税秘籍一：
建筑劳务公司班组长（包工头）
提取利润策略

建筑劳务公司的班组长（包工头）与劳务公司合作发生的利润如何从劳务公司里拿出来呢？从实际操作来看，有三种策略：①"劳务承包经营责任制合同+经营所得"策略；②"劳动合同+工资薪金所得+解聘劳动合同"策略；③"专业作业劳务分包合同+工程劳务所在地税务局代开发票"策略。

一、"劳务承包经营责任制合同+经营所得"策略

"劳务承包经营责任制合同+经营所得"策略是指劳务公司与注册为个体工商户、个人独资企业、合伙企业的班组长（包工头）或自然人，班组长（包工头）与劳务公司签订劳务承包经营责任制合同，合同约定：班组长（包工头）承包的本工程劳务项目，实行独立核算，自负盈亏，以不含增值税的工程劳务结算金额的一定比例给劳务公司留存税后利润，剩下的税后利润（以下称为"承包经营所得"）归属于班组长（包工头）所有的一种项目税后利润分成模式。在这种税后利润分成模式下，班组长（包工头）按照"经营所得"税目自行申报个人所得税后，将个税完税凭证打印给劳务公司，劳务公司将承包经营所得直接以公对私的形式划拨给班组长（包工头）本人。

（一）操作要点

第一步，劳务承包经营责任制合同的签订技巧。

班组长（包工头）与劳务公司签订劳务承包经营责任制合同，必须将原来合同约定的"承包者按照合同额的一定比例向劳务公司上交管理费用，扣除向劳务公司上交的管理费用、各种税金和政府规费后，剩下的税后利润都归属于班组长（包工头）所有"改为如下合同约定："班组长（包工头）承包的本工程劳务项目，实行独立核算，自负盈亏，以不含增值税的工程劳务决算金额的一定比例给劳务公司留存税后利润，剩下的税后利润（称为'承包经营所得'）归属于班组长（包工头）所有。"该条款的范文格式参考附件一：

合同范文格式条款

本劳务工程劳务项目实行成本单列、独立核算、自负盈亏，乙方（承包者）承担本项目部所发生的一切运营成本、所有税费后的税后利润，与甲方（劳务公司）进行分配如下：

第一，乙方（承包者）按照本工程劳务项目的劳务决算总价款（不含增值税）的_____%向甲方（劳务公司）留存税后利润。

第二，本劳务工程项目的税后利润扣除乙方留存第一条所约定的留存给甲方（劳务公司）后的税后利润归乙方（承包者）所有。

第二步，本工程劳务项目以劳务公司名义对外独立进行统一的会计核算。

第三步，农民工与劳务公司签订固定期限的劳动合同（三个月以上一年以内的劳动期限）或灵活就业协议（三个月以下的劳动期限）。农民工工资在劳务公司入成本，劳务公司以农民工本人签字按手印的身份证复印件、农民工工资表、农民工工时考勤表、农民工工资专用账户代发农民工工资的银行流水单（实施农民工工资专用账户代发农民工工资又实施农民工实名制管理的房建和市政工程项目必备的会计核算凭证）作为会计核算凭证。

第四步，本工程劳务项目以劳务公司名义对外独立申报缴纳增值税、企业所得税及其他税金。

第五步，本工程劳务项目的年末12月31日的年度利润分配表中的税后利润扣除承包者给劳务公司留存的税后利润的剩余税后利润全部归属于承包者所有。依据《中华人民共和国个人所得税法》的规定，按照"个人从事企事业单位的承包经营所得"属于"经营所得"税目，依法自行申报个税。

（二）自然人班组长（包工头）承包劳务"经营所得"个税的纳税申报

1. 季度申报渠道

"经营所得"可以通过以下三种方式进行申报：

第一种渠道：办税服务大厅申报。持申报表和相关材料申报。

第二种渠道：自然人电子税务局网页 Web 端自行申报。业主、投资者或个人合伙人可以通过自然人电子税务局网页 Web 端进行申报。首次登录需要通过实名认证，登录成功后，单击顶部"申报管理"按钮进入申报界面，填写并报送相关申报表。

第三种渠道：自然人电子税务局（扣缴端）代理申报。办税人员登录扣缴端后，单击顶部"生产经营"按钮进入申报模块进行经营所得月（季）度申报、缴款等操作。

实践中，班组长（包工头）承包经营劳务的承包经营所得的个税通过自然人电子税务局网页 Web 端自行申报。

2. 大部分省份税务局文件规定：企事业单位承包经营者采用核定应税所得率计算个税

海南省的规定：《国家税务总局海南省税务局关于经营所得核定征收个人所得税有关问题的公告》（国家税务总局海南省税务局公告 2018 年第 15 号）第二条规定，班组长（包工头）承包劳务的经营所得采用核定应税所得率方式征收个人所得税。应纳税额计算公式：

应纳个人所得税的所得额=应税收入×应税所得率（10%）

应纳个人所得税额=应纳个人所得税的所得额×经营所得 5 级累进税率

广西壮族自治区的规定：《国家税务总局广西壮族自治区税务局关于经营所得核定征收个人所得税有关事项的公告》（国家税务总局广西壮族自治区税务局公告 2018 年第 23 号）第三条规定，班组长（包工头）承包劳务的经营所得采用核定应税所得率方式征收个人所得税。应纳税额计算公式：

应纳个人所得税的所得额=应税收入×应税所得率（7%）

应纳个人所得税额=应纳个人所得税的所得额×经营所得 5 级累进税率

内蒙古自治区的规定：《国家税务总局内蒙古自治区税务局关于核定征收个人所得税有关问题的公告》（国家税务总局内蒙古自治区税务局公告 2018 年第 19 号）第二条规定，班组长（包工头）承包劳务的经营所得采用核定应税所得率方式征收个人所得税。应纳税额计算公式：

应纳个人所得税的所得额=应税收入×应税所得率（9%）

应纳个人所得税额=应纳个人所得税的所得额×经营所得 5 级累进税率

吉林省的规定：《国家税务总局吉林省税务局关于经营所得项目个人所得税核定征收有关问题的公告》（国家税务总局吉林省税务局公告 2019 年第 1 号）第二条规定，班组长（包工头）承包劳务的经营所得采用核定应税所得率方式征收个人所得税。应纳税额计算公式：

应纳个人所得税的所得额=应税收入×应税所得率（7%）

应纳个人所得税额=应纳个人所得税的所得额×经营所得 5 级累进税率

江西省的规定：《国家税务总局江西省税务局关于经营所得核定征收个人所得税等有关问题的公告》（国家税务总局江西省税务局公告 2019 年第 4 号）第二条规定，班组长（包工头）承包劳务的经营所得采用核定应税所得率方式征收个人所得税。应纳税额计算公式：

应纳个人所得税的所得额=应税收入×应税所得率（10%）

应纳个人所得税额=应纳个人所得税的所得额×经营所得 5 级累进税率

黑龙江省的规定：《国家税务总局黑龙江省税务局关于经营所得核定征收个人所得税等有关问题的公告》（国家税务总局黑龙江省税务局公告 2019 年第 3 号）规定，班组长（包工头）承包劳务的经营所得采用应税所得率核定征收个人所得税。应纳税额计算公式：

应纳个人所得税的所得额=应税收入×应税所得率（7%）

应纳个人所得税额=应纳个人所得税的所得额×经营所得 5 级累进税率

深圳市的规定：《国家税务总局深圳市税务局关于经营所得核定征收个人所得税有关问题的公告》（国家税务总局深圳市税务局公告 2019 年第 3 号）第二条规定，班组长（包工头）承包劳务的经营所得采用核定应税所得率方式征收个人所得税。应纳税额计算公式：

应纳个人所得税的所得额=应税收入×应税所得率（5%）

应纳个人所得税额=应纳个人所得税的所得额×经营所得 5 级累进税率

云南省的规定：《国家税务总局云南省税务局关于经营所得个人所得税核定征收有关事项的公告》（国家税务总局云南省税务局公告 2019 年第 2 号）第二条规定，班组长（包工头）承包劳务的经营所得采用核定应税所得率方式征收个人所得税。应纳税额计算公式：

应纳个人所得税的所得额=应税收入×应税所得率（7%）

应纳个人所得税额=应纳个人所得税的所得额×经营所得 5 级累进税率

天津市的规定：《国家税务总局天津市税务局关于经营所得个人所得税核定征收有关事项的公告》（国家税务总局天津市税务局公告 2018 年第 30 号）第二条规定，班组长（包工头）承包劳务的经营所得采用核定应税所得率方式征收个人所得税。应纳税额计算公式：

应纳个人所得税的所得额=应税收入×应税所得率（7%）

应纳个人所得税额=应纳个人所得税的所得额×经营所得 5 级累进税率

甘肃省的规定：《国家税务总局甘肃省税务局关于个人所得税经营所得项目核定征收有关问题的公告》（国家税务总局甘肃省税务局公告 2018 年第 12 号）第二条规定，班组长（包工头）承包劳务的经营所得采用核定应税所得率方式征收个人所得税。应纳税额计算公式：

应纳个人所得税的所得额=应税收入×应税所得率（7%）

应纳个人所得税额=应纳个人所得税的所得额×经营所得 5 级累进税率

贵州省的规定：《国家税务总局贵州省税务局关于经营所得个人所得税核定征收有关问题的公告》（国家税务总局贵州省税务局公告 2018 年第 42 号）规定，班组长（包工头）承包劳务的经营所得采用核定应税所得率方式征收个人所得税。应纳税额计算公式：

应纳个人所得税的所得额＝应税收入×应税所得率（10%）

应纳个人所得税额＝应纳个人所得税的所得额×经营所得5级累进税率

宁夏回族自治区的规定：《国家税务总局宁夏回族自治区税务局关于经营所得核定征收个人所得税有关事项的公告》（国家税务总局宁夏回族自治区税务局公告2019年第6号）第二条规定：班组长（包工头）承包劳务的经营所得采用核定应税所得率方式征收个人所得税。应纳税额计算公式：

应纳个人所得税的所得额＝应税收入×应税所得率（5%）

应纳个人所得税额＝应纳个人所得税的所得额×经营所得5级累进税率

青海省的规定：《国家税务总局青海省税务局关于调整个人所得税核定征收率的公告》（国家税务总局青海省税务局公告2019年第3号）第一条规定，注册为个体工商户和个人独资（合伙）企业的班组长（包工头）承包劳务的经营所得采用核定征收率方式征收个人所得税。应纳税额计算公式：

应纳个人所得税额＝应税收入×征收率（0.4%）

福建省福州市的规定：《国家税务总局福州市税务局关于个人所得税核定征收问题的公告》（榕税公告〔2018〕5号）第二条规定，班组长（包工头）承包劳务的经营所得采用核定征收率方式征收个人所得税。应纳税额计算公式：

应纳个人所得税额＝应税收入×征收率（0.6%）

湖南省长沙市的规定：《国家税务总局长沙市税务局关于调整个人所得税经营所得项目核定征收率有关问题的公告》（国家税务总局长沙市税务局2018年公告第6号）规定，班组长（包工头）承包劳务的经营所得采用核定征收率方式征收个人所得税。应纳税额计算公式：

应纳个人所得税额＝应税收入×征收率（1.4%）

湖南省益阳市的规定：《国家税务总局益阳市税务局关于调整个人所得税核定征收率的公告》（2018年第7号公告）规定，班组长（包工头）承包劳务的经营所得采用核定征收率方式征收个人所得税。应纳税额计算公式：

应纳个人所得税额＝应税收入×征收率（1%）

湖北省武汉市的规定：《国家税务总局武汉市税务局关于调整定期定额核定个体工商户业主个人所得税征收率的公告》（国家税务总局武汉市税务局公告2018年第7号）和《国家税务总局湖北省税务局关于调整建筑安装业核定征收个人所得税附征率的公告》（国家税务总局湖北省税务局公告2018年第10号）规定，班组长（包工头）承包劳务的经营所得采用核定征收率方式征收个人所得税。应纳税额计算公式：

应纳个人所得税额＝应税收入×征收率（1.4%）

北京市的规定：《国家税务总局北京市税务局关于调整个体工商户个人所得税核定征收率的公告》（2018年第10号）规定，个体工商户业主、个人独资企业投资人和合伙企业合伙人的经营所得采用核定征收率方式征收个人所得税。应纳税额计算公式：

应纳个人所得税额＝应税收入×征收率（1.4%）

3. 班组长（包工头）承包经营所得（从劳务公司提取的个人利润）适用应税所得率核定征收个税，不进行个人所得税的汇算清缴，计算个税不得减除费用6万元、专项扣除、专项附加扣除以及依法确定的其他扣除

由于班组长（包工头）是自然人，从事建筑行业的内部承包经营所得归其本人所有，采用应税所得率或征收率核定征收个税，只需按季度自行纳税申报，不进行个人所得税的汇算清缴。同时，《国家税务总局关于修订个人所得税申报表的公告》（国家税务总局公告2019年第7号）关于《个人所得税经营所得纳税申报表（A表）》的填表说明规定，实施核定定额征收和核定应税所得率征收的个体工商户业主、个人独资企业投资者、合伙企业个人合伙人、承包承租经营者个人以及其他从事生产、经营活动的个人，在计算每一纳税年度的应纳税所得额时，不可以减除费用6万元、专项扣除、专项附加扣除以及依法确定的其他扣除。

4. 班组长（包工头）承包劳务的经营所得按核定应税所得率征收个税的纳税申报方法

班组长（包工头）承包劳务的经营所得**按核定应税所得率征收个税办理纳税申报的，按年计算个税，按月或季预缴个税，并报送《个人所得税经营所得纳税申报表（A表）》。**

《国家税务总局关于个人所得税自行纳税申报有关问题的公告》（国家税务总局公告2018年第62号）第二条、《国家税务总局关于修订个人所得税申报表的公告》（国家税务总局公告2019年第7号）规定，**纳税人取得经营所得，按年计算个人所得税，由纳税人在月度或季度终了后15日内，向经营管理所在地主管税务机关办理预缴纳税申报，并报送《个人所得税经营所得纳税申报表（A表）》。**

案例分析

某包工头承包经营所得的个税纳税申报流程

一、基本情况

某一包工头承包广西裕华建设集团有限公司（企业所得税实施据实查账征收方式）在广西钦州市中标的某一项工程，2020年第一季度不含增值税的工程结算合同金额为1000万元，不含增值税的各项工程成本为800万元。包工头与广西裕华建设集团有限公司签订承包经营责任制合同，承包期限2年，协议约定：包工头以广西裕华建设集团有限公司的名义对外经营，广西裕华建设集团有限公司对外承担民事法律责任，包工头向广西裕华建设集团有限公司按照不含增值税金额的结算总价或不含增值税金额的开票金额的2%给广西裕华建设集团有限公司上交管理费用后，扣除所有的经营成本后的经营承包所得归包工头所有，包工头按季度预缴申报个税，当地税务部门对承包者实施核定应税所得率征收个人所得税。按照表1中的税率计算应纳税所得额。

表1 应税所得率表

序号	类别	应税所得率（%）
1	交通运输业	10
2	采矿业、制造业	10
3	批发和零售业	10
4	建筑业	7
5	房地产业	18
6	住宿业	10
7	餐饮业	7
8	娱乐业	30
9	法律服务业	10
10	其他行业	15

应纳税额计算公式：

应纳税所得额=应税收入×应税所得率

或者应纳税所得额=成本费用支出额/（1-应税所得率）×应税所得率

应纳税额=应纳税所得额×经营所得5级累进税率

式中所称的应税收入是每一纳税年度的收入总额，成本费用支出额是每一纳税年度的成本费用支出总额。

假设包工头在被承包单位没有获得工资薪金综合所得，不存在"三险一金"费用、5项专项附加扣除费用和其他扣除费用。

请问：包工头2020年第一季度的经营承包所得申报个人所得税如何申报？

二、经营所得季度个税申报流程

（1）登录自然人电子税务局 https：//etax.chinatax.gov.cn/，登录后，单击图1中的"我要办税--税费申报—经营所得（A表）"。出现图2所示界面。

图1

图 2

（2）在手机上下载"个人所得税"App，如图 3 所示。

图 3

（3）点开手机屏幕上的"个人所得税"App，根据系统提示，用包工头的自然人身份证注册后登录，登录后出现图 4 所示页面。

图 4

(4) 点开如图5所示线条圈出的图标。

图 5

（5）出现一个扫描二维码的方框，扫描图 2 中的二维码后，出现图 6 所示页面。

图 6

（6）单击图 6 中的"登录"标志，出现图 7 所示页面。

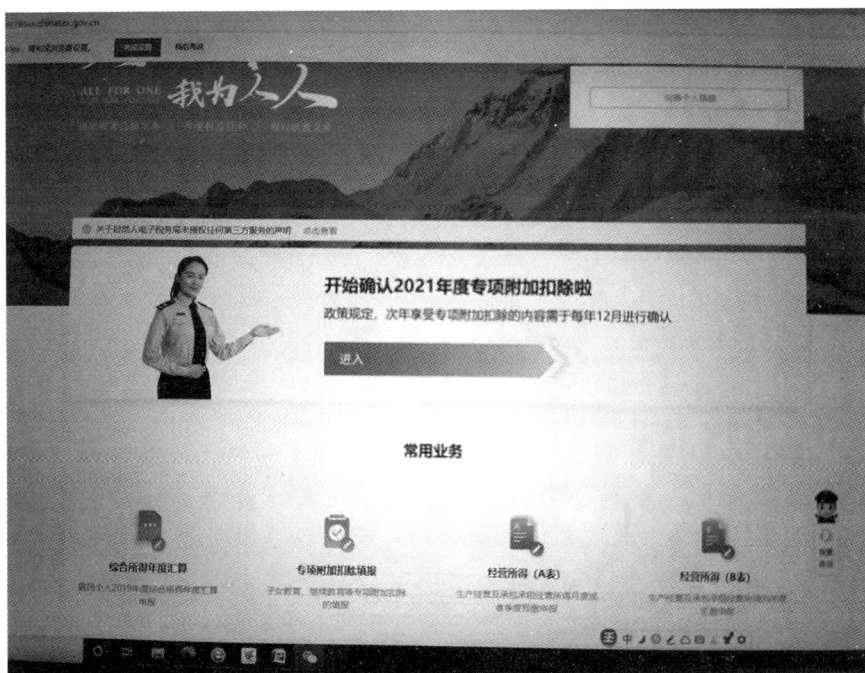

图 7

（7）点开如图 8 所示线条圈出的"经营所得（A 表）"图标，出现如图 9 所示页面。

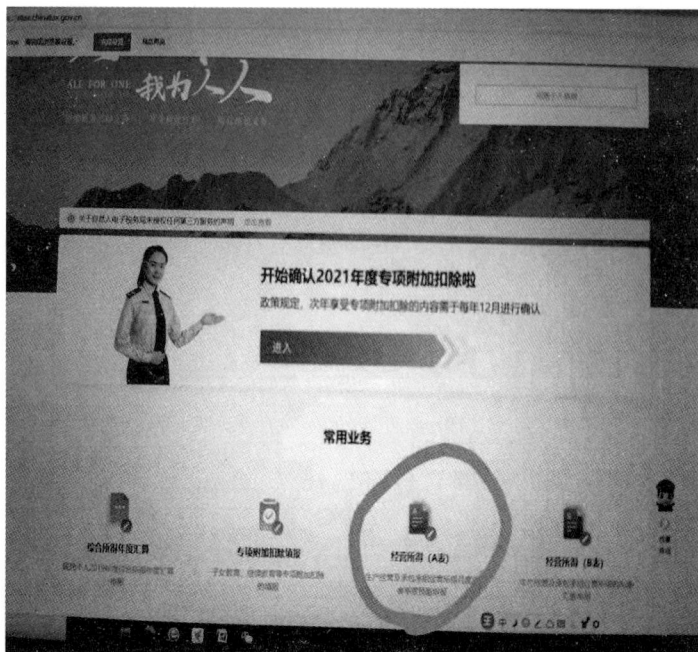

图 8

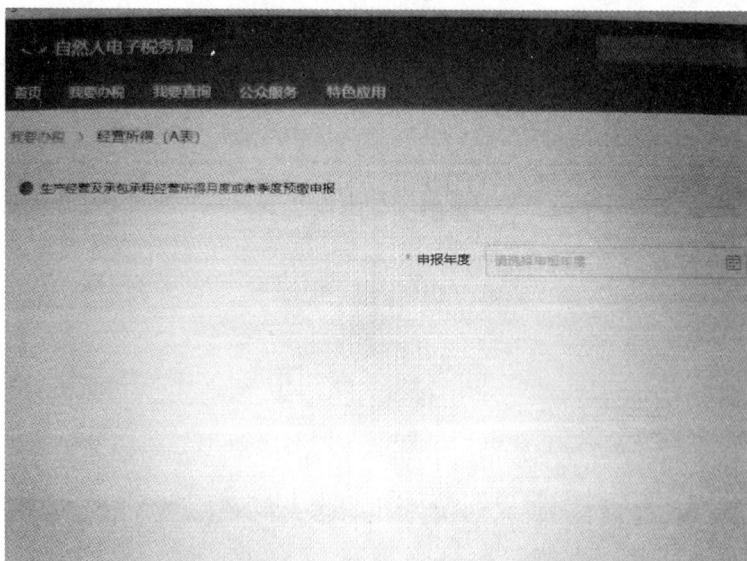

图 9

（8）选择申报年度，单击"确定"按钮，如申报年度为2020年，则出现如图10所示页面。

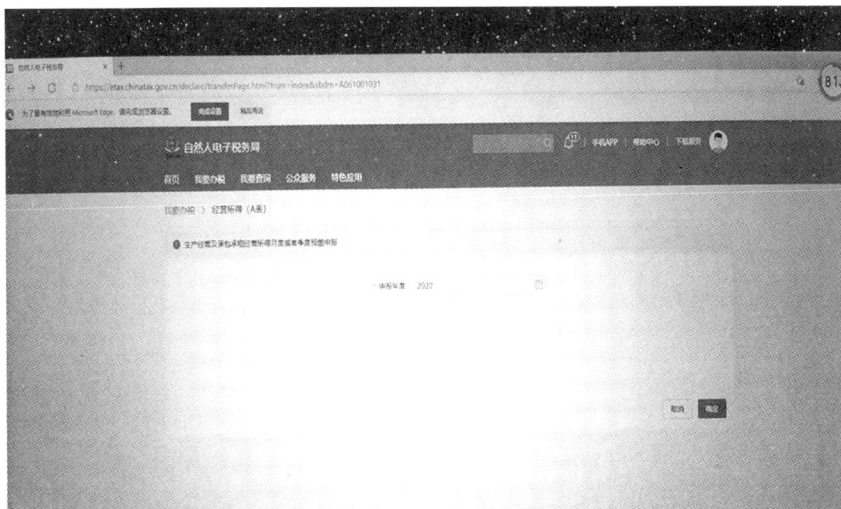

图10

（9）单击图10中的"确定"按钮后，出现如图11所示页面。

图11

（10）单击图11中的"被投资单位统一社会信用代码"后，出现如图12（假设以广西裕华建设集团有限公司为例进行填写）所示页面。

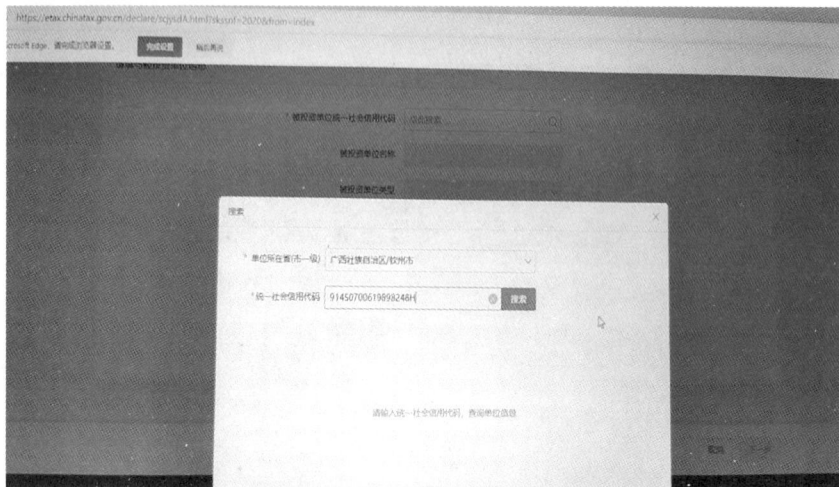

图 12

（11）单击图 12 中的"搜索"按钮后，出现如图 13 所示页面。

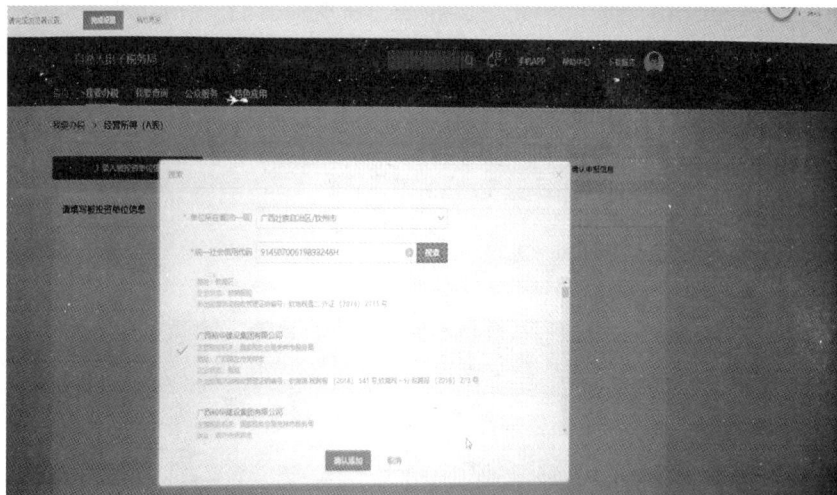

图 13

（12）单击图 13 中的"确认添加"按钮，出现如图 14 所示页面。

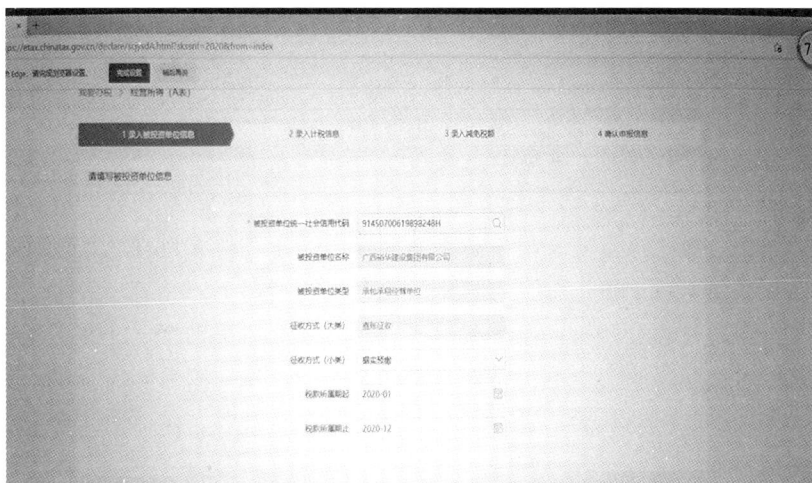

图 14

（13）单击图 14 中的"下一步"按钮，并录入计税信息，出现如图 15 所示页面。

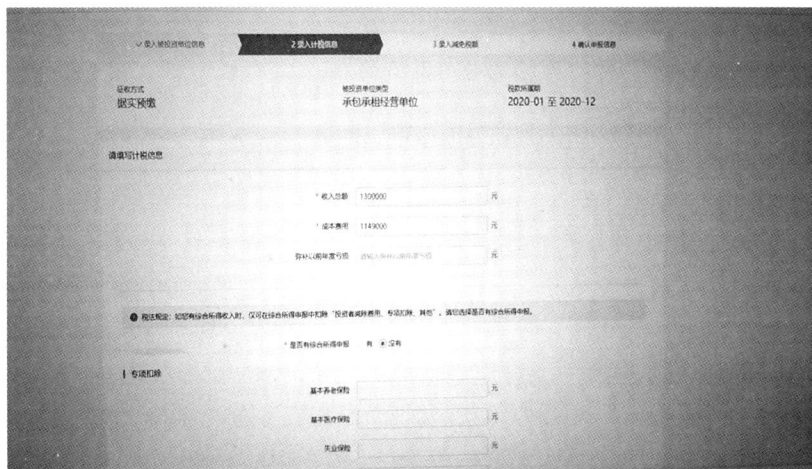

图 15

温馨提示

第一，《国家税务总局广西壮族自治区税务局关于经营所得核定征收个人所得税有关事项的公告》（国家税务总局广西壮族自治区税务局公告 2018 年第 23 号）第三条规定，项目经理内部承包经营所得采用核定应税所得率方式征收个人所得税。应纳税额计算公式：

应纳个人所得税的所得额＝应税收入×应税所得率（7%）

应纳个人所得税额＝应纳个人所得税的所得额×经营所得 5 级累进税率

基于此规定，自然人从事企事业单位的"承包经营所得"是按照核定应税所得率的方法进行核定自然人承包经营所得的应纳税所得额。但由于全国通用的自然人电子税务局的自然人经营所得的个税申报系统是专门针对查账征收的个体工商户业主、个人独资企业投资者、合伙企业合伙人、承包承租经营所得的个人申报个税而设计的，没有考虑核定征收自然人经营所得个税如何申报的问题。

第二，为了解决自然人从企业事业单位承包承租经营所得的个税申报问题，笔者建议在自然人电子税务局申报系统中，按照工程所在地归属的省税务局下达的个人经营所得核定征收个人所得税文件的规定，将承包者从被承包单位获得的承包经营所得（实际上是本承包工程项目税后利润的一部分），通过工程所在地归属的省税务局文件规定的核定应税所得率换算的成本，再填写图 15 中的收入额和成本额。以本案例为例，承包者的收入和成本计算如下：

1000-800=200（万元）（被承包方的税前利润）

200×25%=50（万元）（被承包方的企业所得税）

200-50=150（万元）（被承包方上缴企业所得税后的税后利润）

150-20（承包者或包工头上交的不含增值税的开票金额的 2% 的管理费用或者给被承包者留存的税后利润）=130（万元）（包工头的承包经营所得）

国家税务总局广西壮族自治区税务局公告 2018 年第 23 号第三条规定，该包工头 2020 年第一季度承包广西钦州的建筑工程项目的承包经营所得的应纳个人所得税的所得额＝应税收入×应税所得率（7%）=130×应税所得率（7%）=9.1（万元）。

考虑到自然人电子税务局申报系统没有核定征收的申报模块，只有查账征收模块，因此，笔者建议按照国家税务总局广西壮族自治区税务局公告 2018 年第 23 号第三条规定的应税所得率 7% 换算的成本为：130×93%（1-7%）=120.9（万元）。

由于自然人电子税务局申报系统是按照查账征收申报个税而设计的系统，如果承包者没有在被承包单位获得工资薪金所得（综合所得），则在自然人电子税务局申报系统中会自动扣除自然人一年的基本扣除费用6万元、"三险一金"费用、5项专项附加扣除费用和其他国家规定的扣除费用。同时，根据国家税务总局2019年公告第7号文件规定的个人经营所得申报表的填写说明可以发现，选择核定征收个税的自然人经营所得，在申报个人所得税时，不能享受扣除一年的基本扣除费用6万元、"三险一金"费用、5项专项附加扣除费用和其他扣除费用。本案例假设包工头在广西裕华建设集团有限公司没有获得工资薪金综合所得，不存在"三险一金"费用、5项专项附加扣除费用和其他扣除费用，因此，自然人包工头通过自然人电子税务局个税申报系统，系统会自动再扣除6万元的基本扣除费用。

基于以上分析，包工头2020年度第一季度的成本应该是120.9-6=114.9（万元）。所以在填写图片15中的收入额和成本额分包时应填写130万元、114.9万元。

（14）单击图15中的"下一步"按钮，系统自动算出的应纳个人经营所得的个税，出现如图16所示页面。

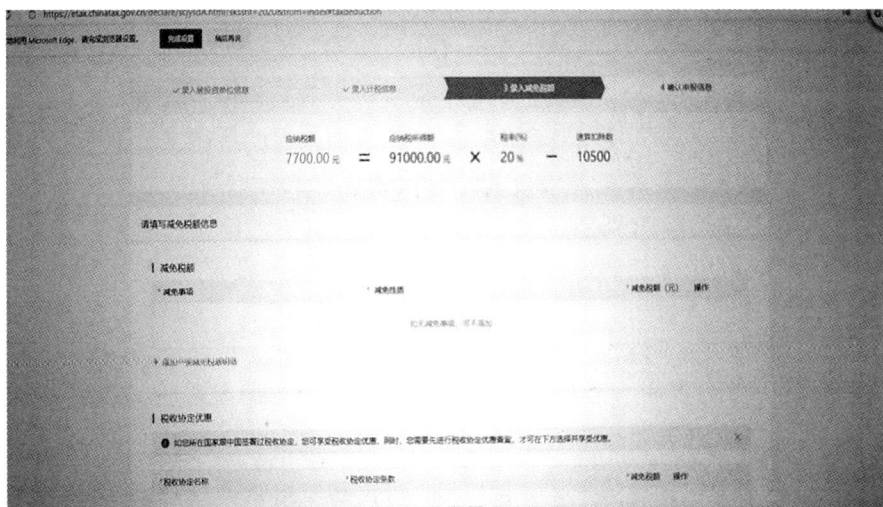

图16

（15）单击图 16 中的"提交"按钮，然后根据系统提示缴纳税款，最后打印完税凭证。

承包者将个税完税凭证打印一份交给劳务公司，作为劳务公司支付给承包者本人"承包经营所得"的会计核算凭证。

6. 劳务公司支付承包者承包经营所得款后的账务处理

借：利润分配——承包经营所得
　　贷：应付利润——应付承包者承包经营所得
借：应付利润——应付承包者承包经营所得
　　贷：银行存款

（三）自然人班组长（包工头）成立核定征收个税的个体户、个人独资企业、合伙企业承包劳务"经营所得"个税的纳税申报管理

《中华人民共和国个人所得税法实施条例》（中华人民共和国国务院令第 707 号）第六条第（五）项和《国家税务总局关于个人所得税自行纳税申报有关问题的公告》（国家税务总局公告 2018 年第 62 号）第二条规定，个体工商户业主、个人独资企业投资者、合伙企业个人合伙人、承包承租经营者个人以及其他从事生产、经营活动的个人取得的"经营所得"是指以下五项所得：①个体工商户从事生产、经营活动取得的所得；②个人独资企业投资人、合伙企业的个人合伙人来源于境内注册的个人独资企业、合伙企业生产、经营的所得；③个人依法从事办学、医疗、咨询以及其他有偿服务活动取得的所得；④个人对企业、事业单位承包经营、承租经营以及转包、转租取得的所得；⑤个人从事其他生产、经营活动取得的所得。对于以上个体工商户业主、个人独资企业投资者、合伙企业合伙人取得的"经营所得"，如何进行个税处理？特别是对于建筑行业中存在的班组长（包工头）成立的核定征收个税的个体工商户、个人独资企业、合伙企业取得的"经营所得"如何计算个税？分析如下：

1. "经营所得"的个税实施自行纳税申报而不是代扣代缴的制度

2018 年 8 月 31 日通过的《中华人民共和国个人所得税法》（中华人民共和国主席令第 9 号）第九条　个人所得税以所得人为纳税人，以支付所得的单位或者个人为扣缴义务人。《个人所得税扣缴申报管理办法（试行）》（国家税务总局公告 2018 年第 61 号）第四条　实行个人所得税全员全额扣缴申报的应税所得包括：（一）工资、薪金所得；（二）劳务报酬所得；（三）稿酬所得；（四）特许权使用费所得；（五）利息、股息、红利所得；（六）财产租赁所得；（七）财产转让所得；（八）偶然所得。基于以上税法规定，个体工商户业主、个人独资企业投资者、合伙企业个人合伙人、承包承租经营者个人以及其他从事生产、经营活动的个人取得经营所得，不属于付款单位的"个税代扣代缴"的范围，必须由取得"经营所得"的个人自行进行纳税申报。

2. 核定征收个税的"经营所得"的个税自行纳税申报方法：按年计算个税，按月或季预缴个税，次年 3 月 31 日前不要做个人所得税的汇算清缴

核定征收个税的"经营所得"适用的税率。《中华人民共和国个人所得税法实施条例》（中华人民共和国国务院令第 707 号）第十五条第三款规定："从事生产、经营活动，未提供完整、准确的纳税资料，不能正确计算应纳税所得额的，由主管税务机关核定应纳税所得额或者应纳税额。"基于此规定，为了助力民营经济的发展，减少税务征管成本，全国各省税务机关，根据各省的实际情况，都制定本省的"经营所得核定征收个人所得税"的税收政策。

3. 自然人班组长（包工头）成立核定征收个税的个体户、个人独资企业、合伙企业承包劳务"经营所得"个税的纳税申报流程

以定期定额个体工商户申报流程为例：

第一步：以山东省为例，打开浏览器搜索"山东省电子税务局"，选择有官网字样标注的单击进入，如图 17 所示。

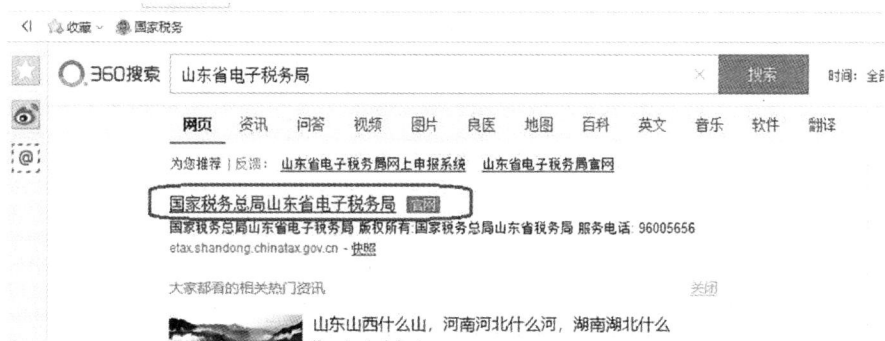

图 17

第二步：进入官方页面后，单击"我要办税"，如图 18 所示。

如果你是新办企业申报用户，要先完成企业信息注册，如图 19 所示。

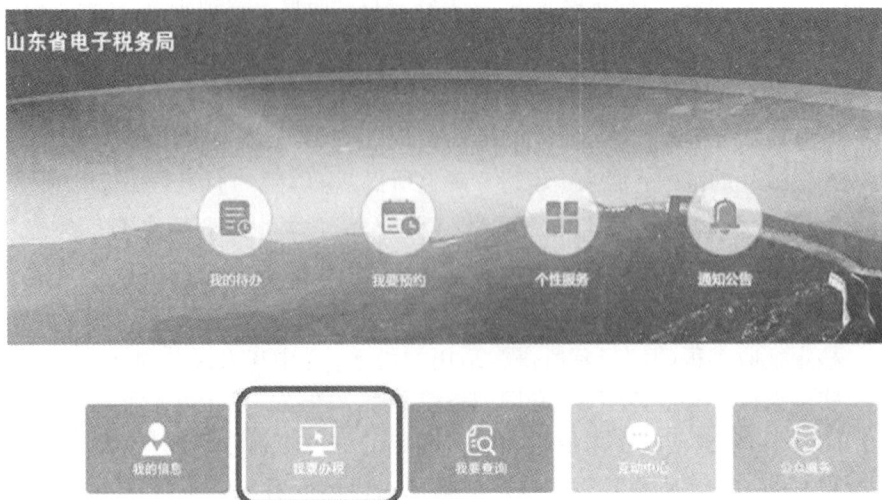

图 18

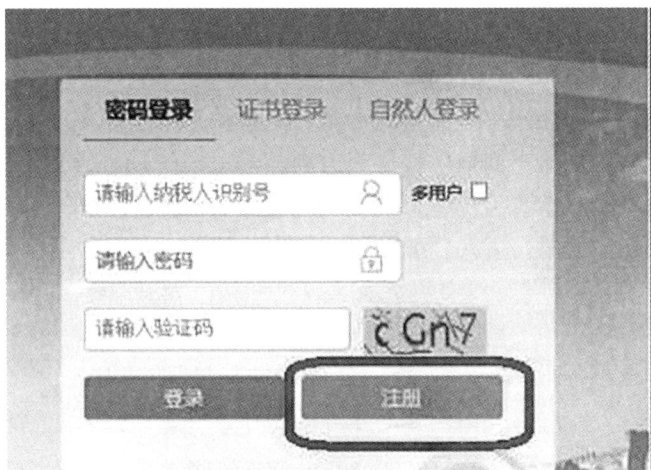

图 19

第三步：单击"纳税申报注册"，如图 20 所示。

第四步：按图 21 显示的提示填写单位信息完成注册即可登入使用。

第五步：在山东省电子税务局界面通过密码模式输入企业信息密码进行登录，如图 22 所示。

第六步：进入"我要查询"界面，单击"个体工商户核定信息查询"，先查好自己的定额信息。

图 20

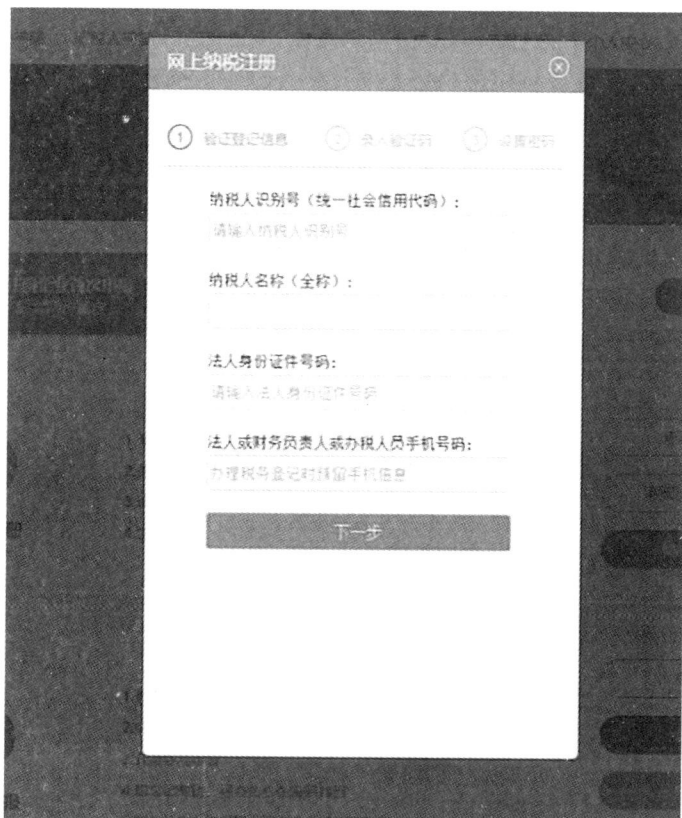

图 21

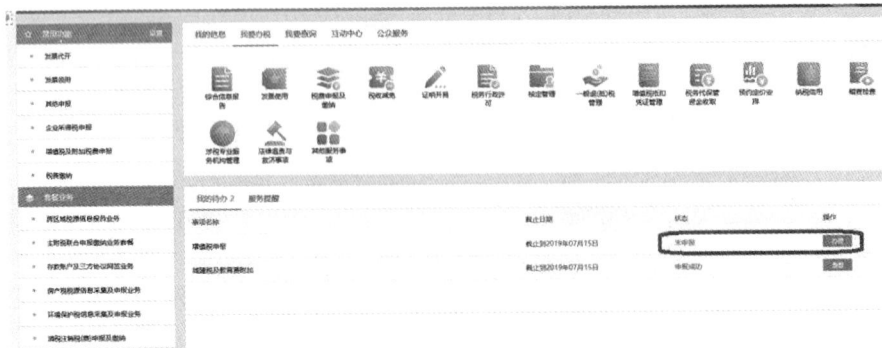

图 22

单击"个体工商户核定信息查询"进入界面，其他不要选，输入验证码单击查询。

以图 23 为例输入好验证码后单击查询以查询出本单位所有定期定额信息，注意找到在有效期内的增值税月核定金额信息以备后面填写申报表。如图 23 所示可以看到单位定额核定是月定额 5000 元，按季申报时销售收入就是 15000 元未达起征点收入。

图 23

单击左边菜单首栏返回"上级字样"返回前一页开始进行本期申报，注意看下方"我的待办"提示，根据下方事项名称选择未申报事项进行申报。如图 24 所示。

界面如图 25 所示。

申报数据填写应遵循据实收入填报原则，再开具专用发票、普通发票，

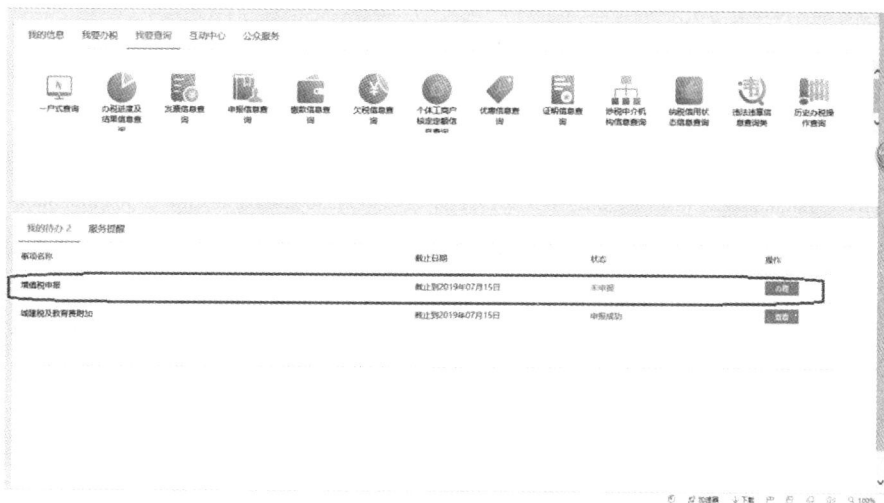

图 24

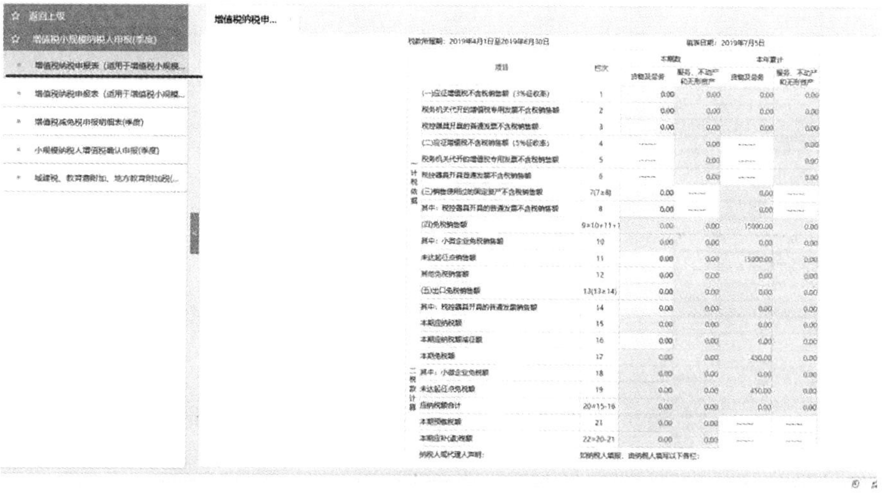

图 25

领取定额发票时应分情况填写至相应栏次。

（1）在税务机关代开增值税专用发票并预缴 3% 税额后，应将发票金额（注意是金额不是价税合计的票面总额）填至金额栏第 1 行和第 2 行，数字一致。如图 26 所示。

填好第 1 行、第 2 行后，在第 21 行会显示出代开时预缴的税款数额，核对第 20 行和第 21 行应纳税款和预缴税款数额是否一致，一致则无须再补

项目	栏次	本期数		本年累计	
		货物及劳务	服务、不动产和无形资产	货物及劳务	服务、不动产和无形资产
(一)应征增值税不含税销售额(3%征收率)	1	10000.00	0.00	10000.00	0.00
税务机关代开的增值税专用发票不含税销售额	2	10000.00	0.00	10000.00	0.00
税控器具开具的普通发票不含税销售额	3	0.00	0.00	0.00	0.00
(二)应征增值税不含税销售额(5%征收率)	4	------	0.00	------	0.00
税务机关代开的增值税专用发票不含税销售额	5	------	0.00	------	0.00
税控器具开具普通发票不含税销售额	6	------	0.00	------	0.00
(三)销售使用过的固定资产不含税销售额	7(7≥8)	0.00	------	0.00	------
其中:税控器具开具的普通发票不含税销售额	8	0.00	------	0.00	------
(四)免税销售额	9=10+11+1	0.00	0.00	15000.00	0.00
其中:小微企业免税销售额	10	0.00	0.00	0.00	0.00
未达起征点销售额	11	0.00	0.00	15000.00	0.00
其他免税销售额	12	0.00	0.00	0.00	0.00
(五)出口免税销售额	13(13≥14)	0.00	0.00	0.00	0.00
其中:税控器具开具的普通发票销售额	14	0.00	0.00	0.00	0.00
本期应纳税额	15	300.00	0.00	300.00	0.00
本期应纳税额减征额	16	0.00	0.00	0.00	0.00
本期免税额	17	0.00	0.00	450.00	0.00
其中:小微企业免税额	18	0.00	0.00	0.00	0.00
未达起征点免税额	19	0.00	0.00	450.00	0.00
应纳税额合计	20=15-16	300.00	0.00	300.00	0.00
本期预缴税额	21	0.00	0.00	------	------
本期应补(退)税额	22=20-21	300.00	0.00	------	------

图 26

缴税款,第 22 行本期应补(退)税款为 0 即可,填写完后单击页面下方的 "保存" 按钮,保存成功后再确认申报。

(2)代开了普通发票或只领了定额发票,就将代开的发票价税合计总额(票面总价÷1.03＝应填金额)或领取的定额发票总额填写至第 11 栏 "未达起征点销售额",以图 26 为例,月核定额为 5000 元,所以季度定额为 15000 元,将 15000 元填至第 11 栏即可保存申报。如图 27 所示。

填写完毕后把页面拉到下方单击 "保存" 按钮(见图 28)申报,若报表有问题或计算数字不对等也可以单击 "删除" 按钮把所有数据全清空重新填写。

第七步:在报表保存成功后单击左边菜单第四项确认申报,确认申报后申报成功即可。如图 29 所示。

第八步:报完增值税之后再报定期定额,单击左边菜单 "返回上级" 字

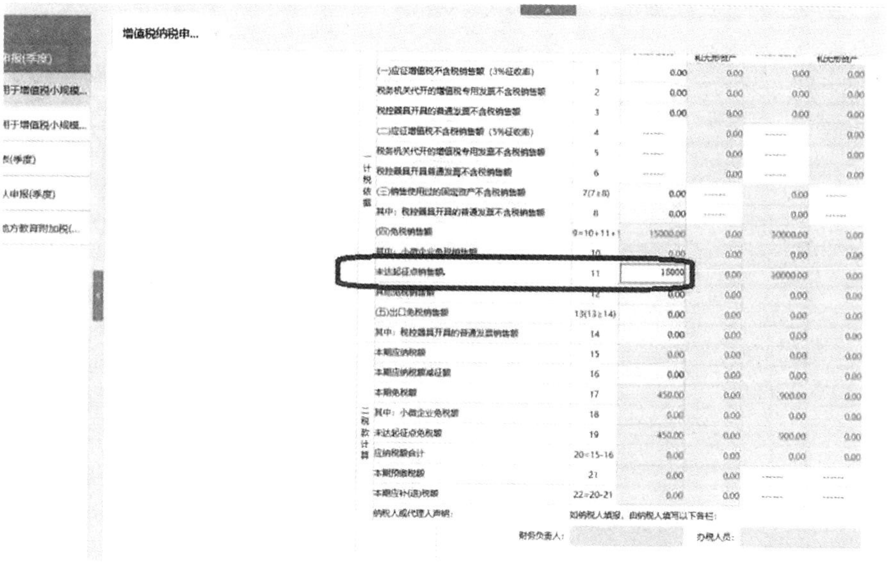

图 27

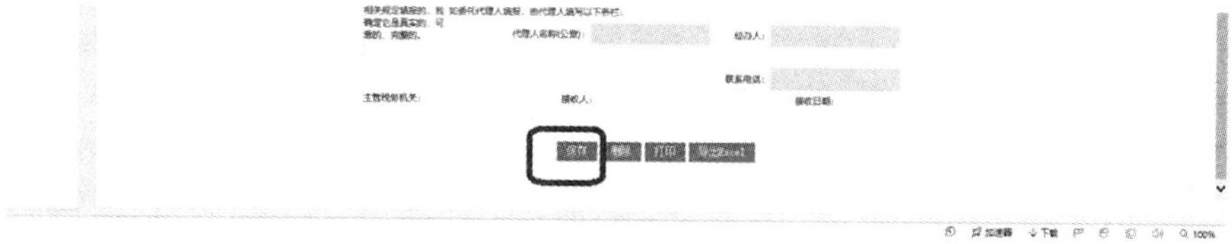

图 28

样返回到税务局首页，在上端搜索栏内输入关键字"定期定额"进行搜索。如图 30 所示。

搜索后页面如图 31 所示，单击"定期定额纳税人申报"后进入申报。

进入后页面如图 32 所示，单击左侧菜单"定期定额纳税人申报"字样。

第九步：单击后页面如图 33 所示，将纳税期限单击按月申报后的下拉箭头改成按季申报，再单击页面右上角的"下一步"继续申报。

第十步：单击"下一步"后页面如图 34 所示，将本期收入数（增值税表上的数字）填入表内应税项第 1 行，系统会自动计算出个人所得税应纳税额，将本期缴纳增值税税额填至第 2、第 3、第 4、第 5 行，系统会自动计算出应纳税额，如果只有定额没有其他收入就以系统带出数字申报。

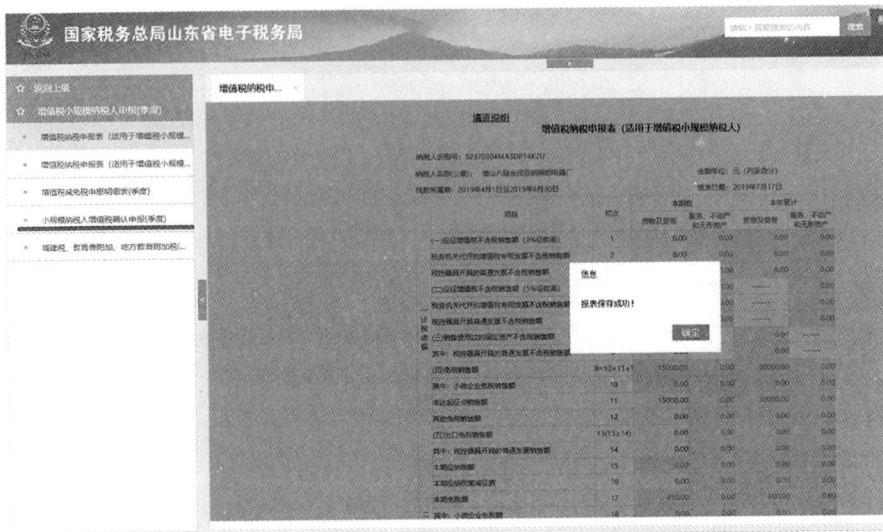

图 29

图 30

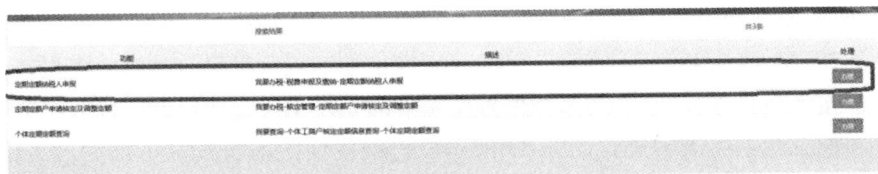

图 31

注意： 个体工商户和小微企业享受优惠减免政策，城建税及附加税费、教育费附加、地方教育附加、水利建设专项收入和印花税均享受减半征收的优惠政策，同时，2016 年还有一项优惠政策，即收入按月申报核算不超 10 万元或者按季申报核算不超 30 万元的纳税人在申报教育费附加、地方教育附加、水利建设专项收入时可享受免征税政策，在申报时选择相应的减免性

图 32

图 33

图 34

质即可享受相应的减免税优惠。

应税项填写完毕之后将下拉条向右拉，继续向后填写，如图 35 所示。

下面选一些减免性质，以没开票只领定额发票的收入为例演示如何选择。如图 36 所示。

如果有代开专用发票并同时缴纳了个人所得税等，可以如图 37 所示填写，填写完保存申报即可。

如果个体纳税人自开了专用发票那么本期已交税款就不会有数字，与只有定额的收入是一个申报模式，自行填报即可。保存申报确认后关闭页面即可。关闭后会跳转到主页面，如图 38 所示。

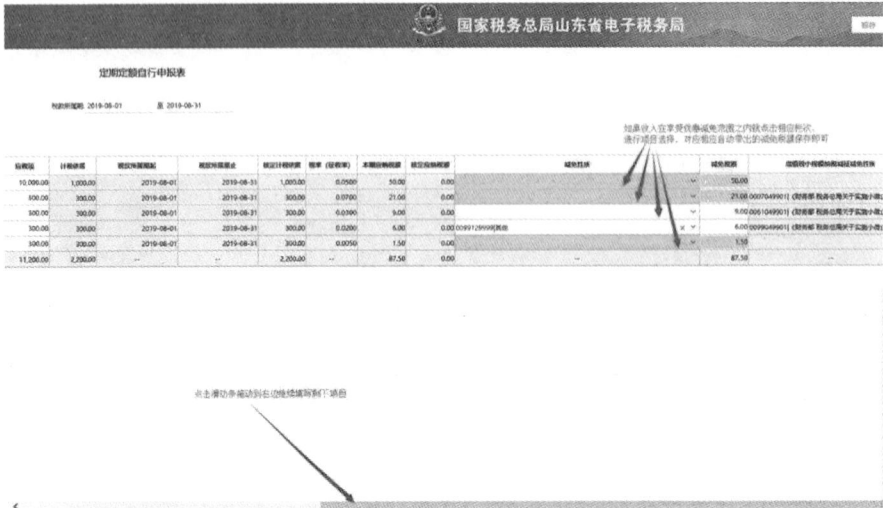

图 35

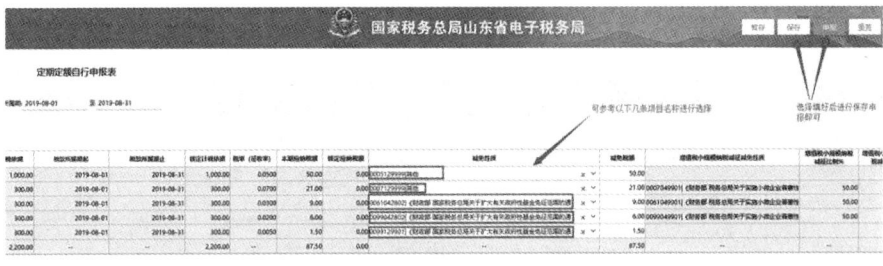

图 36

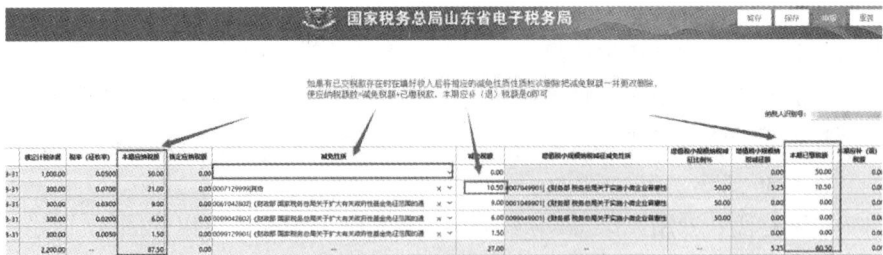

图 37

第十一步：检查"我的待办"中的项目，状态都为申报成功，这样申报就完成了。

图 38

（四）查账征收个税的个体户业主、个人独资企业投资者、合伙企业合伙人承包劳务"经营所得"个税的纳税申报管理

1. 实施查账征收个税的"经营所得"适用的个税税率

《中华人民共和国个人所得税法》（中华人民共和国主席令第 9 号）第二条、第三条和第六条及《国家税务总局关于修订个人所得税申报表的公告》（**国家税务总局公告 2019 年第 7 号**），关于《个人所得税经营所得纳税申报表（A 表）》的填表说明规定，**实施查账征收的**自然人、个体工商户、个人合伙人取得的"经营所得"，以每一纳税年度的收入总额减除成本、费用以及损失后的余额为应纳税所得额，应当适用 5%～35% 的**超额累进税率**（见表 2）缴纳个人所得税。在按月或按季预缴税时，适用的税率如表 3 所示。

表 2　个人所得税税率表二（经营所得适用）

级数	全年应纳税所得额	税率（%）
1	不超过 30000 元的	5
2	超过 30000 元至 90000 元的部分	10
3	超过 90000 元至 300000 元的部分	20
4	超过 300000 元至 500000 元的部分	30
5	超过 500000 元的部分	35

注：本表所称全年应纳税所得额是指依照《中华人民共和国个人所得税法》（中华人民共和国主席令第 9 号）第六条的规定，以每一纳税年度的收入总额减除成本、费用以及损失后的余额。

表3 个人所得税税率表二（经营所得）

级数	全年应纳税所得额	税率（%）	速算扣除数
1	不超过 30000 元的	5	0
2	超过 30000 元至 90000 元的部分	10	1500
3	超过 90000 元至 300000 元的部分	20	10500
4	超过 300000 元至 500000 元的部分	30	40500
5	超过 500000 元的部分	35	65500

注：本表所称全年应纳税所得额是指依照《中华人民共和国个人所得税法》（中华人民共和国主席令第9号）第六条的规定，以每一纳税年度的收入总额减除成本、费用以及损失后的余额。

2. 按查账征收办理预缴纳税申报和按核定征收办理纳税申报的，都按年计算个税，按月或季预缴个税，并报送《个人所得税经营所得纳税申报表（A表）》

《国家税务总局关于个人所得税自行纳税申报有关问题的公告》（国家税务总局公告 2018 年第 62 号）第二条、《国家税务总局关于修订个人所得税申报表的公告》（国家税务总局公告 2019 年第 7 号）规定，个体工商户业主、个人独资企业投资者、合伙企业个人合伙人、承包承租经营者个人以及其他从事生产、经营活动的个人取得经营所得，按年计算个人所得税，由纳税人在月度或季度终了后 15 日内，向建筑劳务工程所在地主管税务机关办理预缴纳税申报，其中按查账征收办理预缴纳税申报，或者按核定征收办理纳税申报的报送《个人所得税经营所得纳税申报表（A表）》。

3. "经营所得" 的个税汇算清缴

（1）"经营所得" 的个税汇算清缴必须满足的条件：实施查账征收并在中国境内取得 "经营所得" 的个体工商户业主、个人独资企业投资者、合伙企业个人合伙人、承包承租经营者个人以及其他从事生产、经营活动的个人。

《国家税务总局关于修订个人所得税申报表的公告》（国家税务总局公告 2019 年第 7 号）的规定，只有实施查账征收的个体工商户业主、个人独资企业投资者、合伙企业个人合伙人、承包承租经营者个人以及其他从事生产、经营活动的个人在中国境内取得经营所得的情况下，才要进行个税的汇算清缴。

（2）"经营所得" 个税汇算清缴的时间及报送的申报表。

《中华人民共和国个人所得税法》（中华人民共和国主席令第 9 号）第

十二条规定："纳税人取得经营所得，按年计算个人所得税，由纳税人在月度或者季度终了后十五日内向税务机关报送纳税申报表，并预缴税款；在取得所得的次年三月三十一日前办理汇算清缴。"

《国家税务总局关于修订个人所得税申报表的公告》（国家税务总局公告 2019 年第 7 号）规定，取得"经营所得"在次年 3 月 31 日前办理汇算清缴时，必须向建筑劳务所在地主管税务机关办理汇算清缴，并报送《个人所得税经营所得纳税申报表（B 表）》。

（3）专项附加扣除费用的扣除时间：个税汇算清缴时。

《中华人民共和国个人所得税法实施条例》（中华人民共和国国务院令第 707 号）第十五条第二款规定："取得经营所得的个人，没有综合所得的，计算其每一纳税年度的应纳税所得额时，应当减除费用 6 万元、专项扣除、专项附加扣除以及依法确定的其他扣除。专项附加扣除在办理汇算清缴时减除。"

温馨提示

《国家税务总局关于修订个人所得税申报表的公告》（国家税务总局公告 2019 年第 7 号）关于《个人所得税经营所得纳税申报表（A 表）》填表说明规定，只有在中国境内取得经营所得并实施查账征收的个体工商户业主、个人独资企业投资者、合伙企业个人合伙人、承包承租经营者个人以及其他从事生产、经营活动的个人，才有资格享受以下税收政策待遇：在计算每一纳税年度的应纳税所得额时，应当减除费用 6 万元、专项扣除、专项附加扣除以及依法确定的其他扣除。实施核定定额征收和核定应税所得率征收的个体工商户业主、个人独资企业投资者、合伙企业个人合伙人、承包承租经营者个人以及其他从事生产、经营活动的个人，在计算每一纳税年度的应纳税所得额时，不可以减除费用 6 万元、专项扣除、专项附加扣除以及依法确定的其他扣除。

---

4. 在中国境内从两处以上取得经营所得，应当于取得所得的次年 3 月 31 日前办理年度汇总纳税申报，并报送《个人所得税经营所得纳税申报表（C 表）》

《国家税务总局关于个人所得税自行纳税申报有关问题的公告》（国家

税务总局公告 2018 年第 62 号）第二条、《国家税务总局关于修订个人所得税申报表的公告》（国家税务总局公告 2019 年第 7 号）规定，从两处以上取得经营所得的，选择向其中一处经营管理所在地主管税务机关办理年度汇总申报，并报送《个人所得税经营所得纳税申报表（C 表）》。

案例分析

某查账征收的个人独资劳务公司的投资者经营所得的个税处理

一、基本情况

（1）张某是个人独资企业性质的红运劳务公司的投资者，假设红运劳务公司 2020 年每一季度的收入为 18 万元（不含增值税），发生的成本费用为 3 万元（不含增值税），每季度的承包经营所得 15 万元（不含增值税）。不存在"弥补以前年度亏损"，红运劳务公司是查账征收的个人独资企业，投资者张某选择按季度预缴申报个税。假设不存在任何调整费用和调整收入情况。

（2）张某每月自行支付税优商业健康保险费 300 元；每月自行缴纳"三险一金" 3000 元（其中，基本养老保险 1000 元，基本医疗保险 700 元，失业保险 300 元，住房公积金 1000 元）。

（3）张某的两个孩子都在上小学，与妻子约定由张某按子女教育专项附加扣除标准的 100% 扣除。

（4）张某使用商业银行个人住房贷款购买了首套住房，现处于偿还贷款期间，每月需支付贷款利息 1600 元，已与妻子约定由张某一方进行住房贷款利息专项附加扣除。

（5）因张某工作单位离所购住房很远，以每月租金 1000 元的价格在工程项目所在地附近租住了一套房屋。

（6）张某的父母均已退休（已满 60 岁，均有退休金）在家，张某与兄妹签订书面分摊协议，约定由张某分摊赡养老人专项附加扣除 800 元。

（7）首套住房贷款利息和房租租金扣除中，张某选择了首套住房贷款利息扣除。

请计算张某全年和每季度应缴纳的个人所得税。

二、税法依据

（1）《建筑安装业个人所得税征收管理暂行办法》（国税发〔1996〕127号）第三条 承包建筑安装业各项工程作业的承包人取得的所得，应区别不同情况计征个人所得税：经营成果归承包人个人所有的所得，或按照承包合同（协议）规定，将一部分经营成果留归承包人个人的所得，按对企事业单位的承包经营、承租经营所得项目征税；以其他分配方式取得的所得，按工资、薪金所得项目征税。

（2）《中华人民共和国个人所得税法实施条例》（中华人民共和国国务院令第 707 号）第十五条第二款规定："取得经营所得的个人，没有综合所得的，计算其每一纳税年度的应纳税所得额时，应当减除费用 6 万元、专项扣除、专项附加扣除以及依法确定的其他扣除。专项附加扣除在办理汇算清缴时减除"。

（3）《国家税务总局关于修订个人所得税申报表的公告》（国家税务总局公告 2019 年第 7 号）关于《个人所得税经营所得纳税申报表（A 表）》的填表说明规定，只有在中国境内取得经营所得并实施查账征收的个体工商户业主、个人独资企业投资者、合伙企业个人合伙人、承包承租经营者个人以及其他从事生产、经营活动的个人，才有资格享受以下税收政策待遇：在计算每一纳税年度的应纳税所得额时，应当减除费用 6 万元、专项扣除、专项附加扣除以及依法确定的其他扣除。

三、张某个税计算、个税预缴和汇算清缴的申报表填写

1. 张某按季预缴申报个人所得税及纳税申报表的填写

第一步：2020 年每一季度预缴个税应纳税所得额的计算：

150000−5000×3−（1000+700+300+1000）×3−300×3

=150000−15000−9000−900=125100（元）

第二步：查询经营所得的个税税率表，张某适用的税率为 20%，速算扣除数为 10500。

第三步：张某每一季度预缴的个税为：

125100×20%−10500=14520（元）

第四步：季度申报表的填写：第一季度后的 15 日之内填写《个人所得税经营所得纳税申报表（A 表）》，填写后的季度申报表如表 4 所示。

表4 个人所得税经营所得纳税申报表（A表）

税款所属期：2020年1月1日至2020年3月31日

纳税人姓名：张某

纳税人识别号：填写身份证号码 金额单位：人民币元（列至角分）

被投资单位信息	名称	红运劳务公司	纳税人识别号（统一社会信用代码）	填写红运劳务公司的纳税识别号
征收方式	√查账征收（据实预缴） □核定应税所得率征收 □税务机关认可的其他方式_____		□查账征收（按上年应纳税所得额预缴） □核定应纳税所得额征收	

项目	行次	金额/比例
一、收入总额	1	180000
二、成本费用	2	30000
三、利润总额（3＝1-2）	3	150000
四、弥补以前年度亏损	4	0
五、应税所得率（%）	5	
六、合伙企业个人合伙人分配比例（%）	6	0
七、允许扣除的个人费用及其他扣除（7＝8+9+14）	7	24900
（一）投资者减除费用	8	15000
（二）专项扣除（9＝10+11+12+13）	9	9000
1. 基本养老保险费	10	3000
2. 基本医疗保险费	11	2100
3. 失业保险费	12	900
4. 住房公积金	13	3000
（三）依法确定的其他扣除（14＝15+16+17）	14	900
1. 商业健康保险费	15	900
2.	16	
3.	17	
八、应纳税所得额	18	125100
九、税率（%）	19	20
十、速算扣除数	20	10500
十一、应纳税额（21＝18×19-20）	21	14520
十二、减免税额（附报《个人所得税减免税事项报告表》）	22	
十三、已缴税额	23	
十四、应补/退税额（24＝21-22-23）	24	

续表

谨声明：本表是根据国家税收法律法规及相关规定填报的，是真实的、可靠的、完整的。

纳税人签字：张某

2020 年 4 月 13 日

经办人： 经办人身份证件号码： 代理机构签章： 代理机构统一社会信用代码：	受理人： 受理税务机关（章）： 受理日期： 年 月 日

特别提醒：张某第二、第三、第四季度的个税计算和季度申报表的填写同第一季度的计算和申报表。

张某第二季度的纳税申报表填写报送如表 5 所示。

表 5 个人所得税经营所得纳税申报表（A 表）

税款所属期：2020 年 1 月 1 日至 2020 年 6 月 30 日

纳税人姓名：张某

纳税人识别号：填写身份证号码 金额单位：人民币元（列至角分）

被投资 单位信息	名称	红运劳务公司	纳税人识别号 （统一社会信用代码）	填写红运劳务公司的 纳税识别号
征收方式	√查账征收（据实预缴） □核定应税所得率征收 □税务机关认可的其他方式_____		□查账征收（按上年应纳税所得额预缴） □核定应纳税所得额征收	

项目	行次	金额/比例
一、收入总额	1	360000
二、成本费用	2	60000
三、利润总额（3＝1-2）	3	300000
四、弥补以前年度亏损	4	0
五、应税所得率（%）	5	
六、合伙企业个人合伙人分配比例（%）	6	0
七、允许扣除的个人费用及其他扣除（7＝8+9+14）	7	49800
（一）投资者减除费用	8	30000
（二）专项扣除（9＝10+11+12+13）	9	18000
1. 基本养老保险费	10	6000
2. 基本医疗保险费	11	4200

续表

项目	行次	金额/比例
3. 失业保险费	12	1800
4. 住房公积金	13	6000
（三）依法确定的其他扣除（14＝15+16+17）	14	1800
1. 商业健康保险费	15	1800
2.	16	
3.	17	
八、应纳税所得额	18	250200
九、税率（％）	19	20
十、速算扣除数	20	10500
十一、应纳税额（21＝18×19-20）	21	39540
十二、减免税额（附报《个人所得税减免税事项报告表》）	22	0
十三、已缴税额	23	14520
十四、应补/退税额（24＝21-22-23）	24	25020

谨声明：本表是根据国家税收法律法规及相关规定填报的，是真实的、可靠的、完整的。

纳税人签字：张某

2020 年 7 月 13 日

经办人： 经办人身份证件号码： 代理机构签章： 代理机构统一社会信用代码：	受理人： 受理税务机关（章）： 受理日期：　　年　　月　　日

张某第三季度的纳税申报表填写报送如表 6 所示。

表6　个人所得税经营所得纳税申报表（A 表）

税款所属期：2020 年 1 月 1 日至 2020 年 9 月 31 日

纳税人姓名：张某

纳税人识别号：填写身份证号码　　　　　　　　　　　　金额单位：人民币元（列至角分）

被投资 单位信息	名称	红运劳务公司	纳税人识别号 （统一社会信用代码）	填写红运劳务公司的 纳税识别号
征收方式	√查账征收（据实预缴） □核定应税所得率征收 □税务机关认可的其他方式_____		□查账征收（按上年应纳所得额预缴） □核定应纳税额征收	

续表

项目	行次	金额/比例
一、收入总额	1	540000
二、成本费用	2	90000
三、利润总额（3＝1-2）	3	450000
四、弥补以前年度亏损	4	0
五、应税所得率（%）	5	
六、合伙企业个人合伙人分配比例（%）	6	0
七、允许扣除的个人费用及其他扣除（7＝8+9+14）	7	74700
（一）投资者减除费用	8	45000
（二）专项扣除（9＝10+11+12+13）	9	27000
1. 基本养老保险费	10	9000
2. 基本医疗保险费	11	6300
3. 失业保险费	12	2700
4. 住房公积金	13	9000
（三）依法确定的其他扣除（14＝15+16+17）	14	2700
1. 商业健康保险费	15	2700
2.	16	
3.	17	
八、应纳税所得额	18	375300
九、税率（%）	19	30
十、速算扣除数	20	40500
十一、应纳税额（21＝18×19-20）	21	72090
十二、减免税额（附报《个人所得税减免税事项报告表》）	22	0
十三、已缴税额	23	39540
十四、应补/退税额（24＝21-22-23）	24	32550

谨声明：本表是根据国家税收法律法规及相关规定填报的，是真实的、可靠的、完整的。

纳税人签字：张某

2020 年 10 月 13 日

经办人： 经办人身份证件号码： 代理机构签章： 代理机构统一社会信用代码：	受理人： 受理税务机关（章）： 受理日期：　　年　　月　　日

张某第四季度的纳税申报表填写报送如表7所示。

表7 个人所得税经营所得纳税申报表（A表）

税款所属期：2020年1月1日至2020年12月31日

纳税人姓名：张某

纳税人识别号：填写身份证号码 　　　　　　　　　金额单位：人民币元（列至角分）

被投资单位信息	名称	红运劳务公司	纳税人识别号（统一社会信用代码）	填写红运劳务公司的纳税识别号
征收方式	√查账征收（据实预缴） □核定应税所得率征收 □税务机关认可的其他方式_____		□查账征收（按上年应纳税所得额预缴） □核定应纳税所得额征收	

项目	行次	金额/比例
一、收入总额	1	720000
二、成本费用	2	120000
三、利润总额（3＝1-2）	3	600000
四、弥补以前年度亏损	4	0
五、应税所得率（%）	5	
六、合伙企业个人合伙人分配比例（%）	6	0
七、允许扣除的个人费用及其他扣除（7＝8+9+14）	7	99600
（一）投资者减除费用	8	60000
（二）专项扣除（9＝10+11+12+13）	9	36000
1.基本养老保险费	10	12000
2.基本医疗保险费	11	8400
3.失业保险费	12	3600
4.住房公积金	13	12000
（三）依法确定的其他扣除（14＝15+16+17）	14	3600
1.商业健康保险费	15	3600
2.	16	
3.	17	
八、应纳税所得额	18	500400
九、税率（%）	19	35
十、速算扣除数	20	65500
十一、应纳税额（21＝18×19-20）	21	109640
十二、减免税额（附报《个人所得税减免税事项报告表》）	22	0
十三、已缴税额	23	72090
十四、应补/退税额（24＝21-22-23）	24	37550

续表

谨声明：本表是根据国家税收法律法规及相关规定填报的，是真实的、可靠的、完整的。

纳税人签字：张某

2021 年 1 月 13 日

经办人： 经办人身份证件号码： 代理机构签章： 代理机构统一社会信用代码：	受理人： 受理税务机关（章）： 受理日期：　　年　　月　　日

2. 经营所得的汇算清缴的纳税申报和申报表的填写

第一步：张某 2020 年全年的应纳税所得额的计算（专项附加只有在汇算清缴时扣除）：

150000×4-5000×12-（1000+700+300+1000）×12-300×12-（2000+1000+800）×12＝600000-60000-36000-3600-45600＝454800（元）

第二步：查询经营所得的个税税率表，张某适用的税率为 30%，速算扣除数为 40500。

第三步：计算张某 2020 年度承包经营所得的个税：

454800×30%-40500＝95940（元）

第四步：向税务部门申请退税：

109640-95940＝13700（元）

第五步：计算年度汇算清缴应补缴的个税，并向项目施工所在地税务机关填写报送《个人所得税经营所得纳税申报表（B 表）》。如表 8 所示。

表 8　个人所得税经营所得纳税申报表（B 表）

税款所属期：2020 年 1 月 1 日至 2020 年 12 月 31 日
纳税人姓名：张某
纳税人识别号：填写身份证号码　　　　　　　　　　　　　金额单位：人民币元（列至角分）

被投资 单位信息	名称	红运劳务公司	纳税人识别号 （统一社会信用代码）	填写红运劳务公司的 纳税识别号
项目			行次	金额/比例
一、收入总额			1	7200000
其中：国债利息收入			2	0
二、成本费用（3=4+5+6+7+8+9+10）			3	120000

065

项目	行次	金额/比例
（一）营业成本	4	
（二）营业费用	5	
（三）管理费用	6	
（四）财务费用	7	
（五）税金	8	
（六）损失	9	
（七）其他支出	10	
三、利润总额（11＝1-2-3）	11	600000
四、纳税调整增加额（12＝13+27）	12	0
（一）超过规定标准的扣除项目金额 （13＝14+15+16+17+18+19+20+21+22+23+24+25+26）	13	
1. 职工福利费	14	
2. 职工教育经费	15	
3. 工会经费	16	
4. 利息支出	17	
5. 业务招待费	18	
6. 广告费和业务宣传费	19	
7. 教育和公益事业捐赠	20	
8. 住房公积金	21	
9. 社会保险费	22	
10. 折旧费用	23	
11. 无形资产摊销	24	
12. 资产损失	25	
13. 其他	26	
（二）不允许扣除的项目金额 （27＝28+29+30+31+32+33+34+35+36）	27	0
1. 个人所得税税款	28	
2. 税收滞纳金	29	
3. 罚金、罚款和被没收财物的损失	30	
4. 不符合扣除规定的捐赠支出	31	
5. 赞助支出	32	

续表

项目	行次	金额/比例
6. 用于个人和家庭的支出	33	
7. 与取得生产经营收入无关的其他支出	34	
8. 投资者工资薪金支出	35	
9. 其他不允许扣除的支出	36	
五、纳税调整减少额	37	0
六、纳税调整后所得（38＝11+12－37）	38	600000
七、弥补以前年度亏损	39	0
八、合伙企业个人合伙人分配比例（%）	40	
九、允许扣除的个人费用及其他扣除（41＝42+43+48+55）	41	99600
（一）投资者减除费用	42	600000
（二）专项扣除（43＝44+45+46+47）	43	36000
1. 基本养老保险费	44	12000
2. 基本医疗保险费	45	8400
3. 失业保险费	46	3600
4. 住房公积金	47	12000
（三）专项附加扣除（48＝49+50+51+52+53+54）	48	3800
1. 子女教育	49	24000
2. 继续教育	50	0
3. 大病医疗	51	0
4. 住房贷款利息	52	12000
5. 住房租金	53	0
6. 赡养老人	54	9600
（四）依法确定的其他扣除（55＝56+57+58+59）	55	3600
1. 商业健康保险	56	3600
2. 税延养老保险	57	0
3.	58	0
4.	59	0
十、投资抵扣	60	0
十一、准予扣除的个人捐赠支出	61	0
十二、应纳税所得额 （62＝38－39－41－60－61）或［62＝（38－39）×40－41－60－61］	62	454800

续表

项目	行次	金额/比例
十三、税率（%）	63	30
十四、速算扣除数	64	40500
十五、应纳税额（65＝62×63-64）	65	95940
十六、减免税额（附报《个人所得税减免税事项报告表》）	66	0
十七、已缴税额	67	109640
十八、应补/退税额（68＝65-66-67）	68	-13700

谨声明：本表是根据国家税收法律法规及相关规定填报的，是真实的、可靠的、完整的。

纳税人签字：

年　　月　　日

经办人： 经办人身份证件号码： 代理机构签章： 代理机构统一社会信用代码：	受理人： 受理税务机关（章）： 受理日期：　　年　　月　　日

案例分析

某查账征收的个人独资企业经营所得个税的季度申报和汇算清缴的纳税申报流程

一、基本情况

张某于 2020 年 10 月创办阳阳工作室（个人独资企业），2020 年 10～12 月取得收入 100 万元，成本费用为 80 万元。其中，列支张某工资 1.8 万元、家庭消费性支出 2 万元，业务招待费超标列支 1.2 万元，张某当年无其他所得，实际缴纳基本养老保险和基本医疗保险 0.5 万元和 0.4 万元，符合条件的专项附加扣除赡养老人为 0.6 万元。假设税务机关认定为按季申报，请问张某如何办理 2020 年度的预缴申报和汇算清缴申报？

二、经营所得汇算清缴税款的计算

计算公式为：

应纳税所得额＝收入总额－（成本＋费用）－损失

温馨提示

第一，取得经营所得的个人，没有综合所得的，计算其每一纳税年度的应纳税所得额时，应当减除费用6万元、专项扣除、专项附加扣除以及依法确定的其他扣除。

第二，从两处以上取得经营所得的，应汇总计算个人所得税；合伙企业合伙人的经营所得应纳税所得额采取"先分后税"原则计算。

个人所得税税率表（经营所得适用）

级数	全月应纳税所得额	税率（%）	速算扣除数
1	不超过30000元的	5	0
2	超过30000元至90000元的部分	10	1500
3	超过90000元至300000元的部分	20	10500
4	超过300000元至500000元的部分	30	40500
5	超过500000元的部分	35	65500

三、季度申报的个人所得税计算

2021年1月20日之前（节假日征期延后）办理2020年第四季度预缴申报时：根据国家税务总局公告2019年第7号文件对《个人所得税经营所得纳税申报表（A表）》第8行的填表说明，因阳阳工作室在纳税年度中间开业，张某应预缴个人所得税：

第四季度减除费用：$0.5 \times 3 = 1.5$（万元）

应纳税所得额：$100 - 80 - 1.5 - 0.9 = 17.6$（万元）

应预缴个人所得税：$17.6 \times 20\% - 1.05 = 2.47$（万元）

四、2020年度"经营所得"个税汇算的个税计算

2021年3月31日之前办理2020年度汇算清缴申报时：阳阳工作室列支投资者张某工资、家庭消费支出、业务招待费超标准列支，应进行纳税调整，纳税调整增加额5万元。$(1.8+2+1.2)$。

根据国家税务总局公告2019年第7号文件对《个人所得税经营所得纳税申报表（B表）》第42行的填表说明，投资者减除费用为6万元。

专项附加扣除在汇算清缴时可以扣除。

2020年度应纳税所得额：$(100-80+5) - 6 - 0.9 - 0.6 = 17.5$（万元）

应缴纳个人所得税：$17.5 \times 20\% - 1.05 = 2.45$（万元）

应退个人所得税：2.47-2.45＝0.02（万元）

五、经营所得的汇算清缴申报流程

（1）办税渠道：通过自然人电子税务局 Web 端进行纳税申报。

（2）办税流程流程。

第一步：登录自然人电子税务局 Web 端，单击"我要办税—税费申报—经营所得（B表）"，如图39所示。

图 39

第二步：选择申报年度，单击"确定"按钮，如图40所示。

图 40

第三步：录入被投资单位信息，单击"下一步"，如图41、图42所示。

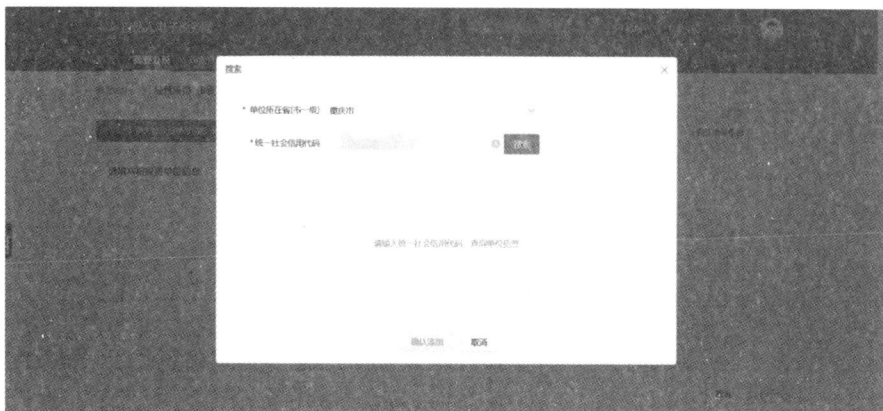

图 41

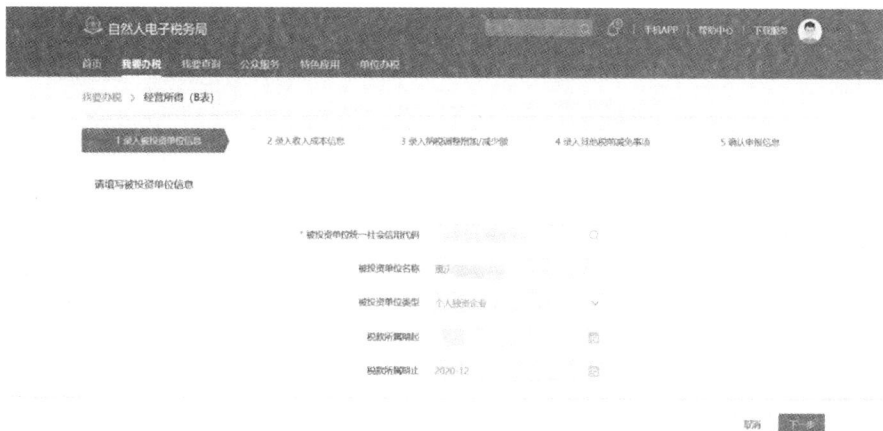

图 42

第四步：单击下拉按钮，依次录入"收入信息"和"成本费用"，单击"下一步"，如图43所示。

以上述案例为例，您需要在"收入总额"中填写"1000000"，在"营业成本"中填写"800000"。如图44所示。

第五步：录入纳税调整增加/减少额。如图45所示。

以上述案例为例，您需要在"业务招待费"中调增12000，在"用于个人和家庭的支出"中调增20000，在"投资者工资薪金支出"中调增18000。如图46、图47所示。

图 43

图 44

图 45

图 46

第六步：依次录入其他税前减免事项。需要特别注意的是，如果您没有综合所得，那么还需要在进行经营所得汇算清缴时，填报专项扣除、专项附加扣除以及依法确定的其他扣除。如图 48 所示。

以上述案例为例，您需要在"基本养老保险"中填入 5000，在"基本医疗保险"中填入 4000，在"赡养老人"中填入 6000。如图 49、图 50 所示。

纳税调整增加额：不允许扣除项目		▲
个人所得税税款		元
税收滞纳金		元
罚金、罚款和被没收财物的损失		元
不符合税收规定的捐赠支出		元
赞助支出		元
用于个人和家庭的支出	20000	元
与取得生产经营收入无关的其他支出		元
投资者工资薪金支出	18000	元
国家税务总局规定不准扣除的支出		元

取消　上一步　下一步

图 47

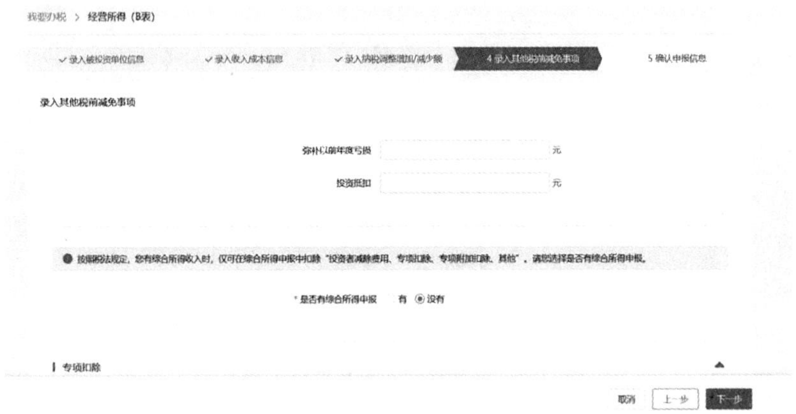

我要办税 > 经营所得（B表）

✓录入被投资单位信息　　✓录入收入成本信息　　✓录入纳税调整增加/减少额　　4 录入其他税收减免事项　　5 确认申报信息

录入其他税收减免事项

弥补以前年度亏损		元
投资抵扣		元

● 按照税法规定，您有综合所得收入时，仅可在综合所得申报中扣除"投资者减除费用、专项扣除、专项附加扣除、其他"，请您选择是否有综合所得申报。

* 是否有综合所得申报　　有　◉没有

专项扣除	▲

取消　上一步　下一步

图 48

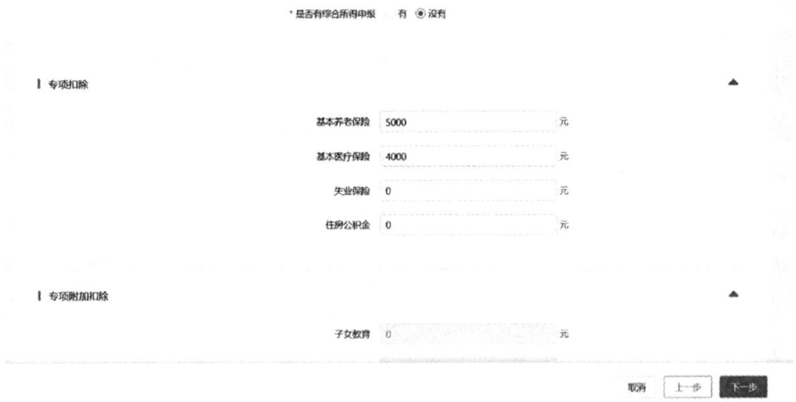

* 是否有综合所得申报　　有　◉没有

专项扣除		▲
基本养老保险	5000	元
基本医疗保险	4000	元
失业保险	0	元
住房公积金	0	元

专项附加扣除		▲
子女教育	0	元

取消　上一步　下一步

图 49

图 50

第七步：确认申报信息，系统会自动为您计算出应补税款或应退税款。如图 51 所示。

图 51

第八步：提交申报后，您就可以进行税款补缴或申请退税了。如图 52 所示。

图 52

二、"劳动合同+工资薪金所得+解聘劳动合同" 策略

"劳动合同+工资薪金所得+解聘劳动合同" 策略是指自然人班组长（包工头）与劳务公司签订固定期限的劳动合同，劳务公司给班组长（包工头）每月发放工资，缴纳社保费用，年底发放年终奖，工程完工后，劳务公司与班组长（包工头）解除劳动关系，给予经济补偿金的一种用人策略。操作要点分析如下：

（一）"劳动合同+工资薪金所得+解聘劳动合同" 策略的实操要点

（1）劳务公司与班组长（包工头）签订固定期限的劳动合同，将班组长（包工头）聘为项目负责人，劳动合同期限是该工程劳务项目预计需要完工的工期。

（2）在固定期限劳动合同中约定每月工资标准，将月工资定在高于用人单位（劳务公司）所在直辖市、自治区的市级人民政府公布的本地区上年度职工月平均工资的三倍，且约定班组长（包工头）的社保费用由劳务公司缴纳。

（3）工程完工后或合同到期后，劳务公司解聘班组长（包工头），劳务公司应给予班组长（包工头）**医疗补助费、生活补助费以及一次性支付给职**

工的经济补偿金。根据《中华人民共和国劳动合同法》，经济补偿金的标准是：如果班组长（包工头）与劳务公司签订的劳动合同期限是一年以上，则以一年计税，满一年给予一个月工资的经济补偿金。

（4）劳务公司财务部做好以下款项支付的台账记录：劳务公司向班组长（包工头）支付的月度工资薪金，劳务公司承担的部分基本养老保险、基本医疗保险、失业保险金，劳务公司支付的年终奖和解聘劳务劳动而支付的经济补偿金。以上支付金额的总和作为劳务公司应支付给班组长（包工头）承包本工程劳务项目的承包经营所得。

（二）劳务公司每月预提班组长（包工头）工资和全额缴纳社会保险费用的财税处理

劳务公司"全额承担缴纳社会保险费用"是指劳务公司不仅承担班组长（包工头）社保费用的公司部分社保费用而且承担班组长（包工头）社保费用的个人部分社保费用。劳务公司每月预提班组长（包工头）工资和全额缴纳社保费用的财税管理如下。

第一，劳务公司每月必须给班组长（包工头）预提工资，如果预提的月工资每月都发放，则每月履行预扣预缴班组长（包工头）的个人所得税；如果劳务公司每月没有发放班组长（包工头）的工资，则财务上做预提工资处理，会计核算如下：

借：合同履约成本——工程施工——班组长（包工头）工资［劳动合同约定的班组长（包工头）工资+劳务公司缴纳应由班组长（包工头）个人承担的部分社保费用］

贷：应付职工薪酬——劳动合同约定的班组长（包工头）工资+劳务公司缴纳应由班组长（包工头）个人承担的部分社保费用

结转工资成本时的账务处理如下：

借：主营业务成本

贷：合同履约成本——工程施工——班组长（包工头）工资［劳动合同约定的班组长（包工头）工资+劳务公司缴纳应由班组长（包工头）个人承担的部分社保费用］

根据《中华人民共和国个人所得税法》，自2019年1月1日起，居民纳税人［班组长（包工头）］的个人所得税是以年度汇总缴纳个税。即劳务公司每月没有发放班组长（包工头）的工资薪金所得时，劳务公司每月不预扣预交班组长（包工头）的个人所得税，直到发放当月（当年的12月31日之前）可以累计预扣预缴班组长（包工头）的个人所得税。如果最迟在第二年的5月31日企业所得税汇算清缴前发放，则在第二年的3月1日至6月30日个人所得税汇算清缴前进行个税汇算，补缴个人所得税汇算清缴即可。

劳务公司发放拖欠班组长（包工头）的工资薪金时的账务处理如下：

借：应付职工薪酬——班组长（包工头）[劳动合同约定的班组长（包工头）工资]

　　贷：银行存款

第二，劳务公司计提应由劳务公司承担的班组长（包工头）的企业部分社保费用的账务处理如下：

借：合同履约成本——工程施工——班组长（包工头）社保费用

　　贷：应付职工薪酬——劳务公司承担班组长（包工头）的企业部分社保费用

第三，劳务公司每月给班组长（包工头）依法申报缴纳由劳务公司全额承担的社保费用[班组长（包工头）个人承担和劳务公司承担的社保费用全额由劳务公司进行承担]，账务处理如下：

借：应付职工薪酬——劳务公司承担班组长（包工头）的企业部分社保费用

应付职工薪酬——劳务公司缴纳应由班组长（包工头）个人承担的部分社保费用

　　贷：银行存款

（三）劳务公司解除班组长（包工头）劳动合同获取一次性经济补偿金的法务处理

《中华人民共和国劳动合同法》第四十七条规定：**经济补偿按劳动者在本单位工作的年限，每满一年支付一个月工资的标准向劳动者支付。六个月以上不满一年的，按一年计算；不满六个月的，向劳动者支付半个月工资的经济补偿。劳动者月工资高于用人单位所在直辖市、设区的市级人民政府公布的本地区上年度职工月平均工资三倍的，向其支付经济补偿的标准按职工月平均工资三倍的数额支付，向其支付经济补偿的年限最高不超过十二年。本条所称月工资是指劳动者在劳动合同解除或者终止前十二个月的平均工资。**

基于以上法律规定，用人单位解除劳动合同给予劳动者支付的经济补偿金的相关法务处理如下：

1. 经济补偿金的计算

根据《中华人民共和国劳动合同法》第四十七条，在劳动合同解除或者终止时，用人单位依法支付经济补偿金的计算公式为：工作年限×每工作一年应得的经济补偿。

温馨提示

在计算经济补偿金时，确定要注意以下几点：

（1）工作年限的确定。

第一，计算工作年限的起点：从劳动者向用人单位提供劳动之日起计算。

劳动者在单位工作的年限，应从劳动者向该用人单位提供劳动之日起计算。如果由于各种原因，用人单位与劳动者未及时签订劳动合同的，不影响工作年限的计算。如果劳动者连续为同一用人单位提供劳动，但先后签订了几份劳动合同的，工作年限应从劳动者提供劳动之日起连续计算。因此，《中华人民共和国劳动合同法》第四十七条"在本单位工作的年限"的规定，不能理解为连续几个合同的最后一个合同期限，原则上应连续计算。

第二，工作年限在六个月以上不满一年的，按一年计算。

第三，工作年限不满六个月的，按半年计算。

（2）经济补偿金的支付标准。

第一，工作年限每满一年，则按照一个月的工资向劳动者支付经济补偿金。

第二，工资年限在六个月以上不满一年的，按照一个月的工资向劳动者支付经济补偿金。

第三，工作年限不满六个月的，按照半个月的工资向劳动者支付经济补偿金。

（3）支付经济补偿金的"月工资"的界定。

根据《中华人民共和国劳动合同法》第四十七条第三款的规定，"月工资"是指劳动者在劳动合同解除或者终止前十二个月的平均工资。

---

2. 对高收入者支付经济补偿金的工作年限和月工资基数的封顶规定

劳动者月工资高于用人单位所在直辖市、设区的市级人民政府公布的本地区上年度职工月平均工资三倍的，向其支付经济补偿的标准按职工月平均工资三倍的数额支付，向其支付经济补偿的年限最高不超过十二年。

（四）劳务公司解除班组长（包工头）劳动合同获取一次性经济补偿金的财务处理

1. 解除劳动合同获取一次性经济补偿金的法律实质：职工薪酬中的辞退福利

《企业会计准则第9号——职工薪酬》第二条 职工薪酬，是指企业为获得职工提供的服务或解除劳动关系而给予的各种形式的报酬或补偿。职工薪酬包括短期薪酬、离职后福利、辞退福利和其他长期职工福利。企业提供给职工配偶、子女、受赡养人、已故员工遗属及其他受益人等的福利，也属于职工薪酬。其中辞退福利，是指企业在职工劳动合同到期之前解除与职工的劳动关系，或者为鼓励职工自愿接受裁减而给予职工的补偿。基于此会计政策的规定，用人单位解除劳动者而给予劳动者支付的一次性补贴，包括生活费补贴、医疗费用和经济补偿金，实质上是职工薪酬中的辞退福利。

2. 解除劳动合同获取一次性经济补偿金的会计核算

《企业会计准则第9号——职工薪酬》第二十条 企业向职工提供辞退福利的，应当在下列两者孰早日确认辞退福利产生的职工薪酬负债，并计入当期损益：

（一）企业不能单方面撤回因解除劳动关系计划或裁减建议所提供的辞退福利时。

（二）企业确认与涉及支付辞退福利的重组相关的成本或费用时。

第二十一条 企业应当按照辞退计划条款的规定，合理预计并确认辞退福利产生的应付职工薪酬。辞退福利预期在其确认的年度报告期结束后十二个月内完全支付的，应当适用短期薪酬的相关规定；辞退福利预期在年度报告期结束后十二个月内不能完全支付的，应当适用本准则关于其他长期职工福利的有关规定。

因此，基于《企业会计准则第9号——职工薪酬》第二十条的规定，解除劳动合同的经济补偿金记入"管理费用——职工薪酬——辞退福利"和"应付职工薪酬——解除职工劳动关系补偿"会计科目。

（五）劳务公司解除班组长（包工头）劳动合同获取一次性经济补偿金的税务和社保费用的处理

1. 增值税的处理：解除劳动合同获取一次性经济补偿金的劳动者不要到税务主管部门向用人单位代开发票

国家税务总局 2018 年公告第 28 号第十条　**企业在境内发生的支出项目不属于应税项目的，对方为单位的，以对方开具的发票以外的其他外部凭证作为税前扣除凭证；对方为个人的，以内部凭证作为税前扣除凭证。** 基于此规定，不属于应税项目的支出的税前扣除凭证处理：

第一，对方为单位的，以对方开具的发票以外的其他外部凭证作为税前扣除凭证。即不属于应税项目，对方不开发票，开收款收据之类的即可。

第二，对方为个人的，以内部凭证作为税前扣除凭证。即不属于应税项目，对方开收款收据。

基于以上税收政策规定，解除劳动合同获取一次性经济补偿金的劳动者，用人单位支出一次性经济补偿金不属于应税项目（即获得经济补偿金的劳动者没有发生增值税纳税义务），因此，解除劳动合同获取一次性经济补偿金的劳动者不需要到税务主管部门向用人单位代开发票，直接以劳动者签字并按手印的收款收据、该劳动者的身份证复印件和与用人单位签订的劳动合同书等内部凭证作为税前扣除凭证。

2. 企业所得税的处理

《中华人民共和国企业所得税法》（中华人民共和国主席令第 63 号）第八条规定，企业实际发生的与取得收入有关的、合理的支出，包括成本、费用、税金、损失和其他支出，准予在计算应纳税所得额时扣除。《中华人民共和国企业所得税法实施条例》（国务院令第 512 号）第二十七条规定，《企业所得税法》第八条所称有关的支出，是指与取得收入直接相关的支出。《企业所得税法》第八条所称合理的支出，是指符合生产经营活动常规，应当计入当期损益或者有关资产成本的必要和正常的支出。

因此，基于以上税法的规定，解除合同一次性支付的补偿金，属于企业为服从生产经营活动管理需要发生的合理支出，可以按规定申报税前扣除。

3. 社保费用的处理

根据《关于规范社会保险缴费基数有关问题的通知》（劳社险中心函〔2006〕60 号）的规定，劳动合同制职工解除劳动合同时由企业支付的医疗补助费、生活补助费以及一次性支付给职工的经济补偿金，根据国家统计局的规定，不计入工资总额，在计算缴费基数时应予剔除。

4. 个人所得税的处理

《财政部关于个人所得税法修改后有关优惠政策衔接问题的通知》（财税〔2018〕164号）第五条第（一）项规定：**个人与用人单位解除劳动关系取得一次性补偿收入（包括用人单位发放的经济补偿金、生活补助费和其他补助费），在当地上年职工平均工资三倍数额以内的部分，免征个人所得税；超过三倍数额的部分，不并入当年综合所得，单独适用综合所得税率表，计算纳税。**其中，综合所得税率表是《中华人民共和国个人所得税法》（中华人民共和国主席令第9号）中的"个人所得税税率表一（综合所得适用）"，如表9所示：

表9 个人所得税税率表一（综合所得适用）

级数	全年应纳税所得额	税率（%）
1	不超过36000元的	3
2	超过36000元至144000元的部分	10
3	超过144000元至300000元的部分	20
4	超过300000元至420000元的部分	25
5	超过420000元至660000元的部分	30
6	超过660000元至960000元的部分	35
7	超过960000元的部分	45

以上税率表按月换算为以下税率表（见表10）。

表10 个人所得税预扣率表一（居民个人工资、薪金所得预扣预缴适用）

级数	累计预扣预缴应纳税所得额	预扣率（%）	速算扣除数
1	不超过36000元的部分	3	0
2	超过36000元至144000元的部分	10	2520
3	超过144000元至300000元的部分	20	16920
4	超过300000元至420000元的部分	25	31920
5	超过420000元至660000元的部分	30	52920
6	超过660000元至960000元的部分	35	85920
7	超过960000元的部分	45	181920

《财政部、国家税务总局关于个人与用人单位解除劳动关系取得的一次性补偿收入征免个人所得税问题的通知》（财税〔2001〕157号）第二条规定："个人领取一次性补偿收入时按照国家和地方政府规定的比例实际缴纳的住房公积金、医疗保险费、基本养老保险费、失业保险费，可以在计征其一次性补偿收入的个人所得税时予以扣除。"

案 例 分 析

某劳务公司解除包工头劳动合同给予一次性经济补偿收入的个人所得税处理

一、情况介绍

北京鸿图劳务公司的包工头肖先生，在公司任职2年，2021年11月依法与公司解除劳动关系，获得公司一次性补偿收入（包括用人单位发放的经济补偿金、生活补助费和其他补助费）5.6万元，其中经济补偿金为36000元，生活补助费14000元和其他补助费为6000元，肖先生离职前12个月的月平均工资为30000元，当地上年度职工年平均工资72000元。请分析计算包工头肖先生获得解除劳动合同的经济补偿收入应缴纳多少个人所得税。

二、解除劳动合同获得一次性经济补偿金的个人所得税处理

1. 法律依据

根据《中华人民共和国劳动合同法》，劳动者月工资高于用人单位所在直辖市、设区的市级人民政府公布的本地区上年度职工月平均工资三倍的，向其支付经济补偿的标准按职工月平均工资三倍的数额支付，向其支付经济补偿的年限最高不超过十二年。其中，月工资是指劳动者在劳动合同解除或者终止前十二个月的平均工资。

2. 肖先生获得的经济补偿金的标准

由于肖先生在劳动合同解除或者终止前十二个月的平均工资为30000元，当地政府规定的上年度职工月平均工资为72000÷12＝6000（元）。因此，肖先生与公司解除劳动关系应获得的经济补偿金标准为当地上年职工的月平均工资的3倍，即72000÷12×3＝18000（元）。

3. 肖先生获得的经济补偿金的总金额

根据以上分析，肖先生应按 15000 元的补偿金标准计算经济补偿总金额，由于肖先生工作年限为 2 年，应按照工作年限 2 年计算支付经济补偿金。因此，肖先生获得的经济补偿金的总金额为：

72000÷12×3×2＝18000×2＝36000（元）

4. 肖先生获得的一次性补偿总金额的个人所得税

《财政部关于个人所得税法修改后有关优惠政策衔接问题的通知》（财税〔2018〕164 号）第五条第（一）项规定，肖先生因解除劳动合同而获得的一次性补偿收入（包括用人单位发放的经济补偿金、生活补助费和其他补助费）5.6 万元当中，在当地上年职工平均工资 3 倍数额以内的部分，免征个人所得税。即在计算个人所得税时，可税前扣除的经济补偿金（免个人所得税的应纳税所得额）＝72000×3＝216000（元）。由于经济补偿收入 56000 元小于 216000 元，所以肖先生收到劳务公司一次性的经济补偿收入 56000 元免个人所得税。

三、"专业作业劳务分包合同+工程劳务所在地税务局代开发票" 策略

"专业作业劳务分包合同+工程劳务所在地税务局代开发票" 策略是指：建筑劳务公司或建筑企业与自然人班组长（包工头）签订某一建筑专业工种的专业作业劳务分包合同，自然人班组长（包工头）在工程劳务所在地税务局，按照 "其他个人从事生产、经营所得" 而不是 "劳务报酬" 所得税目代开发票给建筑劳务公司或建筑企业，提取专业作业劳务分包款的一种提前利润的策略。具体的业财税法融合控税策略如下：

(一) "专业作业劳务分包合同+工程劳务所在地税务局代开发票" 策略的实操要点

第一步：建筑劳务公司或建筑企业与自然人班组长（包工头）签订某一建筑专业工种的专业作业劳务分包合同。

第二步：自然人班组长（包工头）到工程劳务所在地税务局或者通过 "某某省电子税务局" 线上开具增值税普通发票。

下面以国家税务总局广东省电子税务局线上开具增值税普通发票为例描述自然人线上开具发票的流程。

（1）登录国家税务总局广东省电子税务局，注册自己的账号，并且进行实名认证。

（2）如果自己是个体户、班组长（包工头），那么以自然人登录，如果是公司性质的，需要以企业登录。

（3）登录后，单击"我要办税—事项办理—普通电子发票开具"。

（4）单击新增发票，根据界面要求的信息录入，注意：①需要选择业务所在点的税务局；②录入付款方的信息，包括企业名称、企业税号、银行信息等；③录入收款人的信息；④选择开票项目为"建筑服务——工程劳务"。

（5）信息表填写完毕后，单击保存—确认。然后返回主界面，勾选新增的单据，单击提交—缴费—开具发票。这里的缴费是指缴纳开具发票的费用，包括印花税、城建税、个人所得税等。

第三步：班组长（包工头）将开具的增值税发票和中华人民共和国完税凭证交由建筑劳务公司或建筑企业，建筑企业或劳务公司以公对私的形式，将工程劳务款划拨给班组长（包工头）本人。

第四步：建筑企业和劳务公司必须保存以下涉税资料备查：专业作业劳务分包合同，班组长（包工头）身份证复印件，专业作业劳务款决算书和专业作业劳务工程量计量确认单，划拨劳务款给班组长（包工头）的银行流水单。

（二）班组长（包工头）个税的申报缴纳方法：工程所在地税务局代开发票时代征个税

班组长（包工头）持与建筑企业总承包方签订的专业作业劳务分包合同（承包合同）、身份证、劳务款结算单到工程劳务所在地税务局代开发票，当地税务局按照"经营所得"而不是"劳务报酬所得"税目代开发票，按照不含增值税的开票金额一定比例（例如，江西省、内蒙古自治区、广西壮族自治区、云南省、贵州省为1.3%，四川省为1.2%，深圳市为0.8%）代征个人所得税。

1. 班组长（包工头）获得的专业作业分包所得，在税法上是"经营所得"而不是"劳务报酬所得"性质

（1）"经营所得"和"劳务报酬所得"的税法界定。

《中华人民共和国个人所得税法实施条例》第六条第（二）项：**劳务报酬所得，指个人从事劳务取得的所得，包括从事设计、装潢、安装、制图、化验、测试、医疗、法律、会计、咨询、讲学、新闻、广播、翻译、审稿、书画、雕刻、影视、录音、录像、演出、表演、广告、展览、技术服务、介绍服务、经纪服务、代办服务以及其他劳务取得的所得。**《中华人民共和国个人所得税法实施条例》第六条第（五）项规定：**经营所得，是指：个人通过在中国境内注册登记的个体工商户、个人独资企业、合伙企业从事生产、经营活动取得的所得；个人依法取得执照，从事办学、医疗、咨询以及其他有偿服务活动取得的所得；个人承包、承租、转包、转租取得的所得；个人从事其他生产、经营活动取得的所得。**

基于以上税法规定，新的《个人所得税法》对"劳务报酬"税目采用了列举法的规定，对"劳务报酬"征收个人所得税的范围列举了 26 项，凡是不属于《个人所得税法》中列举的 26 项的劳务所得就不是"劳务报酬所得"税目，不能按照"劳务报酬"税目征收个人所得税。但是税收执法中很难区分"劳务报酬所得"中的"个人从事其他劳务取得的所得"与"经营所得"中的"个人从事其他生产、经营活动取得的所得"，两者有何区别呢？分析如下：

第一，税法规定的"劳务报酬所得"是指民法规定的"自然人"个人从事《中华人民共和国个人所得税法实施条例》第六条第（二）项所列举的 26 项劳务所取得的所得。

《中华人民共和国民法总则》（中华人民共和国主席令第 66 号）第十三条规定，自然人从出生时起到死亡时止，具有民事权利能力，依法享有民事权利，承担民事义务。基于此规定，民法上规定的"自然人"是个人，首先是具有自然生物属性的人，从出生开始就获得了民事主体资格。借助生殖辅助技术出生的人（如"试管婴儿"），也同样属于自然人。

《中华人民共和国增值税法》第六条第二款规定，本法所称个人，是指个体工商户和自然人。

《中华人民共和国个人所得税法实施条例》中的"个人"是指自然人和个体工商户业主、个人独资企业投资者、合伙企业合伙人。因为根据《中华人民共和国民法总则》（中华人民共和国主席令第 66 号）第一百零二条的规定，非法人组织是不具有法人资格，但是能够依法以自己的名义从事民事活动的组织。非法人组织包括个人独资企业、合伙企业、不具有法人资格的专业服务机构等。

《中华人民共和国企业所得税法》（中华人民共和国主席令第 23 号）第一条规定，个人独资企业、合伙企业不适用本法。《中华人民共和国个人所得税法实施条例》第六条第（五）项规定，个人通过在中国境内注册登记的个体工商户、个人独资企业、合伙企业从事生产、经营活动取得的所得属于"经营所得"。

基于以上法律规定，《中华人民共和国个人所得税法实施条例》中的"个人"包括自然人、个体工商户业主、个人独资企业投资者、合伙企业合伙人，而个体工商户业主、个人独资企业投资者、合伙企业合伙人取得的所得属于"经营所得"，因此，《中华人民共和国个人所得税法实施条例》第六条第（二）项规定，劳务报酬所得，指个人从事劳务取得的所得，其中的"个人"是指自然人个人而不是一个组织或团队。

第二，什么是个人从事其他劳务取得的所得？

综观《合同法》可以发现，劳务关系被分拆在承揽合同、技术合同、居间合同、运输合同、建筑施工合同、委托合同等合同关系规定中。因此，从事劳务活动是指从事《合同法》规定的承揽、技术、居间、运输、建筑施工、委托等活动。进而"劳务报酬所得"除了《中华人民共和国个人所得税法实施条例》第六条第（二）项所列举的前25项"劳务报酬所得"项目外，还指自然人个人从事《中华人民共和国合同法》规定的承揽、技术、居间、运输、建筑施工、委托等活动取得的报酬。基于此分析，《中华人民共和国个人所得税法实施条例》第六条第（二）项所列举的26项"劳务报酬所得"项目中的最后一项"个人从事其他劳务取得的所得"是指自然人本人单独从事本条所列举的前25项劳务之外所取得的所得。

第三，什么是个人从事其他生产、经营活动取得的所得？

基于个体工商户从事生产、经营活动取得的所得是"经营所得"的规定，个税法规定的"个人从事生产、经营活动"中的"个人"是指"自然人"，不包括"个体工商户"。问题是何为"生产、经营活动"？《安全生产法实施条例》（草案征求意见稿）第八十条规定，生产经营活动是指生产、经营、建设活动，既包括主体性活动，也包括辅助性活动。生产经营单位是指从事生产、经营、建设活动的企业、个体经济组织及其他单位。依据《关于贯彻执行〈中华人民共和国劳动法〉若干问题的意见》第一条规定，个体经济组织是指一般雇工在七人以下的个体工商户。基于此法律规定，"个人从事其他生产、经营活动"是指自然人个人从事生产、经营、建设活动，生产、经营指将资金投入企业对产品（劳务）按照供产销的方式进行的经营活动。因此，"个人从事生产、经营"活动的核心是自然人要有资金成本投入，参与经营管理取得利润或承担亏损的活动。

第四，班组长（包工头）与劳务公司或建筑企业签订的劳务专业作业分包合同是"个人从事的生产、经营活动"。

基于以上"个人从事其他劳务所取得的所得"和"个人从事其他生产、

经营活动取得的所得"的区别分析，班组长（包工头）必须要有自己的成本投入，其聘请的农民工的工资和提供劳务服务期间的生活费必须由班组长承担，其与劳务公司签订的专业作业劳务分包合同有可能亏损、有可能盈利，班组长（包工头）要加强对农民工的管理、指导、监督活动，必须按照承包合同约定的质量、安全、技术标准向劳务公司交付成果。如果出现质量、安全、技术不达标问题，班组长（包工头）必须承担法律责任。

因此，在建筑劳务公司与班组长（包工头）签订劳务专业作业分包合同的情况下，班组长（包工头）带领的农民工从事某一专业作业劳务，其从劳务公司取得的所得，不属于"劳务报酬"所得，而属于"个人从事其他生产、经营活动取得的所得"，即属于"经营所得"的范畴。

第五，是否办理营业执照不可以作为"劳务报酬所得"和"经营所得"的分水岭。

首先，《个体工商户个人所得税计税办法》（国家税务总局令第35号）第三条对个体工商户进行了范围的界定：①依法取得个体工商户营业执照，从事生产经营的个体工商户；②政府有关部门批准，从事办学、医疗、咨询等有偿服务活动的个人；③其他从事个体生产、经营的个人。基于此规定，个体工商户的范围中包括了不办理营业执照的"其他从事个体生产、经营的个人"。这与《中华人民共和国个人所得税法实施条例》第六条第（五）项规定的"经营所得"第四项中的"个人从事其他生产、经营活动取得的所得"高度重合。

其次，根据《建筑安装业个人所得税征收管理暂行办法》（国税发〔1996〕127号），承包建筑安装业各项工程作业的承包人取得的所得，应区别不同情况计征个人所得税：经营成果归承包人个人所有的所得，或按照承包合同（协议）规定，将一部分经营成果留归承包人个人的所得，按对企事业单位的承包经营、承租经营所得项目征税；以其他分配方式取得的所得，按工资、薪金所得项目征税。从事建筑安装业的个体工商户和未领取营业执照承揽建筑安装业工程作业的建筑安装队和个人，以及建筑安装企业实行个人承包后工商登记改变为个体经济性质的，其从事建筑安装业取得的收入应依照个体工商户的生产、经营所得项目计征个人所得税。基于此规定，班组长（包工头）带领农民工从事建筑劳务的某一专业作业活动是国税发〔1996〕127号中所规定的"未领取营业执照承揽建筑安装业工程作业的建筑安装队"。

最后，《国家税务总局关于个人对企事业单位实行承包经营、承租经营取得所得征税问题的通知》（国税发〔1994〕179 号）指出：①承包、承租人对企业经营成果不拥有所有权，仅是按合同（协议）规定取得一定所得的，其所得按工资、薪金所得项目征税，适用 5%～45% 的 9 级超额累进税率。②承包、承租人按合同（协议）的规定只向发包、出租方交纳一定费用后，企业经营成果归其所有的，承包、承租人取得的所得，按对企事业单位的承包经营、承租经营所得项目，适用 5%～35% 的 5 级超额累进税率征税。

因此，根据以上税法文件的规定，是否办理营业执照不可以作为"劳务报酬所得"和"经营所得"的分水岭。

（2）分析结论。

结合以上法律政策规定，分析结论如下：

第一，个人办理工商营业执照而产生的收入属于经营所得。

第二，个人依法取得执照，从事办学、医疗、咨询等有偿服务活动的个人取得的所得属于经营所得。

第三，对于无营业执照又未经批准的，个人从事企事业单位的承包、承租、转包、转租取得的所得属于经营所得。

第四，在《中华人民共和国个人所得税法实施条例》第六条第（二）项列举的 26 项范围内的属于劳务报酬所得。

第五，在建筑劳务公司与班组长（包工头）签订劳务专业作业分包合同的情况下，班组长（包工头）带领的农民工从事某一专业作业劳务，其从劳务公司取得的所得，不属于"劳务报酬"所得，而属于"个人从事其他生产、经营活动取得的所得"，即属于"经营所得"的范畴。

2. 自然人取得"劳务报酬"所得和在税务局代开发票的方法

由于"劳务报酬"所得是"综合所得"的范围，根据国家税务总局 2018 年公告第 62 号文件，属于"综合所得"中的"劳务报酬"所得由付款方按照"累计预扣法"，按月预扣预缴劳务报酬的个人所得税。因此，自然人取得"劳务报酬"所得，在税务局代开发票时，税务局不代征个人所得税，具体的代开发票的方法如下：

当自然人发生"劳务报酬"所得，且"劳务报酬"所得超过增值税起征点（根据《中华人民共和国增值税暂行条例》的规定，自然人增值税起征点是：按次支付 500 元以上，设立临时税务登记和注册个体工商户的班组长按月销售额 20000 元以上）以上的，获得"劳务报酬"所得的自然人必须到劳务发生所在地的税务局代开发票给付款单位。在税务局代开发票时，必须在发票的"备注栏"标明"个人所得税由付款方代开代缴或预扣预缴"

的字样。

3. 自然人取得"经营所得"在税务局代开发票的方法

在建筑劳务公司与班组长（包工头）签订劳务专业作业分包合同的情况下，班组长（包工头）带领的农民工从事某一专业作业劳务，其从劳务公司取得的所得，不属于"劳务报酬"所得，而属于"经营所得"的范畴。在税务局代开发票时，税务局不代征个人所得税，具体的代开发票的方法如下：

第一，在代税务局开发票时，必须按照不含增值税的开票金额，依据当地所在省税务局代征一定比例（如深圳市为0.2%，青岛市为0.5%，广西壮族自治区、江西省、海南省均为1.3%，云南省为1%，青海省为0.4%）的个人所得税。

第二，在税务局代开发票时，必须在发票的"税收分类与编码栏"中填写"建筑服务——工程劳务"或"其他建筑服务——塔吊作业、钢构作业、土石方作业、抹灰作业、水电安装作业、幕墙玻璃作业等"，且在发票的"备注栏"标明工程项目所在地的市、县（区）和项目的名称。

第三，建筑劳务公司收到班组长（包工头）代开的发票时，按照差额征税的规定，全额给承包单位开具增值税发票，按照"劳务公司收取承包单位的所有款项和价外费用-班组长（包工头）的专业作业分包额)÷(1+3%)×3%"差额计征增值税。

（三）建筑领域班组长（包工头）雇用农民工的社保处理：不缴纳社保费用

《中华人民共和国社会保险法》第四条规定，中华人民共和国境内的用人单位和个人依法缴纳社会保险费。《中华人民共和国劳动合同法》（中华人民共和国主席令第二十八号）第七十二条规定，用人单位和劳动者必须依法参加社会保险，缴纳社会保险费。《中华人民共和国劳动合同法》第二条规定，中华人民共和国境内的企业、个体经济组织、民办非企业单位等组织（以下称用人单位）与劳动者建立劳动关系，订立、履行、变更、解除或者终止劳动合同，适用本法。根据《关于贯彻执行〈中华人民共和国劳动法〉若干问题的意见》第一条，**个体经济组织是指一般雇工在七人以下的个体工商户**。根据由全国人大常委会法制工作委员会行政法室编著，中国法制出版社出版的《中华人民共和国社会保险法解读》，所谓的"灵活就业人员"是指以非全日制、临时性、季节性、弹性工作等灵活多样的形式实现就业的人员，包括无雇工的个体工商户、非全日制从业人员以及律师、会计师、自由撰稿人、演员等自由职业者等等。灵活就业人员可以自愿参加职工基本养老保险和职工医疗保险，保险费也由个人全部承担。

基于以上法律政策规定，必须缴纳社保费用的主体是用人单位及其雇用的劳动者（在会计和社保法上称为"职工"），因此，建筑领域的班组长（包工头）是自然人，不是用人单位，其雇用农民工不适用《中华人民共和国劳动合同法》和《中华人民共和国社会保险法》，班组长（包工头）不承担农民工缴纳社保费用的负担，由农民工自己在户口所在地社保所缴纳"新农合"和"新农保"。具体总结如下：

第一，由于建筑劳务公司与班组长（包工头）签订的是劳务专业作业分包合同，而不是劳动合同，因此，班组长（包工头）与建筑劳务公司不是雇佣和被雇佣的法律关系，建筑劳务公司和班组长（包工头）不缴纳社保费用。

第二，班组长（包工头）聘用的农民工，是灵活就业性质的用工关系，只要专业作业劳务一旦完工，农民工与班组长（包工头）就结束灵活就业的用工关系。

第三，由于班组长（包工头）没有注册为公司或个体工商户，无法进行工商、税务登记，就无法进行社保登记，无须对农民工和其本人缴纳社保费用。

第四，根据《中华人民共和国社会保险法》（中华人民共和国主席令第35号）第十条第二款和第二十三条第二款，无雇工的个体工商户、未在用人单位参加职工基本医疗保险的非全日制从业人员以及其他灵活就业人员可以参加职工基本医疗保险和基本养老保险，由个人按照国家规定缴纳基本养老保险费用和基本医疗保险费。

（四）建筑劳务公司与班组长（包工头）签订专业作业和劳务承包合同的财务管控

建筑劳务公司与班组长（包工头）签订专业作业劳务分包合同主要有以下三种情况：

（1）建筑劳务公司与设立临时税务登记的班组长（包工头）签订专业作业劳务分包合同。

（2）建筑劳务公司与设立工商税务登记的个体工商户签订专业作业劳务分包合同。

（3）建筑劳务公司与既没有设立临时税务登记又没有设立个体工商户的专业作业班组长（包工头）签订专业作业劳务分包合同。

在签订以上三种专业作业劳务分包合同的情况下，劳务公司与班组长

（包工头）或以班组长（包工头）注册成立的个体工商户签订专业作业劳务分包合同，班组长（包工头）或以班组长（包工头）注册成立的个体工商户直接雇用农民工完成劳务的会计核算及凭证管理如下：

1. 会计核算

借：合同履约成本——工程施工——专业作业劳务分包合同成本（班组长代开增值税普票，含不能抵扣的增值税）

　　贷：应付账款（专用作业劳务分包合同中约定拖欠的部分劳务款到工程最后验收合格后再进行支付）

　　　　银行存款——支付班组长（包工头）部分劳务款

2. 会计核算凭证管理

第一，班组长（包工头）与劳务公司双方签字的专业作业劳务款进度结算单或劳务工程计量确认单。

第二，班组长（包工头）在工程所在地税务局代开具的增值税专用（普通）发票，且在发票的"备注栏"标明建筑工程所在地的县（市、区）名称和项目的名称。

第三，班组长（包工头）与劳务公司签订的专业作业劳务分包合同。

（五）建筑企业（劳务公司）委托班组长（包工头）代发农民工工资规避班组长挪用、截留农民工工资的五步法

第一步：建筑企业（劳务公司）制定统一的"代领_____工程项目劳务款委托书"的范本，所有的农民工（无论是否实名制登记管理）必须在委托书上签名并按手印。

第二步：建筑企业（劳务公司）制定统一的"班组作业人员信息真实性承诺书"的范本，由班组长（包工头）在范本上签字按手印。

第三步：建筑企业（劳务公司）必须与班组长（包工头）签订"委托代发农民工或劳务款"的协议。协议约定"农民工工资支付办法"条款和"履约担保"条款，其中"农民工工资支付办法"条款约定以下内容：

（1）建筑企业（劳务公司）收到发包方支付的工程进度款后，根据建筑企业（劳务公司）审核班组长（包工头）提交的农民工工资表、农民工时考勤表或"农民工劳务款结算单"、"农民工完成的劳务工程量计量单"，将农民工工资劳务款直接划入班组长（包工头）的账户。

（2）班组长（包工头）收到建筑企业（劳务公司）划入的农民工工资劳务款，必须保证优先发放农民工工资，不准拖欠或挪用或克扣农民工工资，经公示后，如果建筑企业（劳务公司）没有收到农民工的投诉班组长（包工头）有挪用、克扣或虚假农民工的现象，则建筑企业（劳务公司）将班组长（包工头）的利润依据税法的规定，在履行缴纳一定个税后，划拨给班组长（包工头）本人银行卡。

（3）农民工工资原则上转账到农民工个人银行卡上，无法转账而由班组长（包工头）代领的工资款，班组长（包工头）必须在领取民工工资之日起2日内把工资发放至农民工手中，并由农民工本人签字并按手印确认，工资发放记录表原件在领取之日起7日内必须交劳务公司留存。

"履约担保"条款约定：从以下任何担保条款中任选一种（　）：

第一种履约担保方式：班组长向劳务公司缴纳一定的数额的履约担保金：_____元；

第二种履约担保方式：班组长用其房产作担保，在房产所在地房管局办理房产担保手续；

第三种履约担保方式：班组长用其车辆作担保，在车辆管理所办理车辆担保手续。

第四步：建筑企业（劳务公司）制定统一格式的"农民工工资发放公示表"范本，公示表中必须明确如下内容：农民工姓名、工作天数、工资总额、投诉电话、接受投诉的部门负责人（劳务公司的办公室和财务部负责人）、投诉的时间区间（一般规定7个工作日）、农民工工资发放代理人。劳务公司在发放农民工工资或劳务款之前，班组长（包工头）必须在工程项目比较醒目的公告栏处张贴"农民工工资发放公示表"，具体的范本如图53、图54所示。

农民工工资发放公示表

_____ 项目_____ 标段工友们

我公司将于近日委托姓名：_____ 承包人，身份证码：_____，

联系电话：_____ 以现金形式发放你们在本项目自___年___月___日至___年___月___日结算的劳务工资款，本次发放工程劳务款名单如下，如对工资或劳务款核算存有异议，请向木公司项目部投诉反映。

××（劳务公司）劳资监督员姓名：　　　联系电话：

××（劳务公司）办公室督员姓名：　　　联系电话：

××（劳务公司）财务部监督员姓名：　　　联系电话：

图53

工资名单

序号	工种	工人姓名	本次工资核算截止日期	备注
1				
2				
3				
4				
5				
6				
7				

说明：1. 在本名单中如有不属于本班组工人的，请工友向项目部投诉，避免有人冒领工资。

2. 本公示名单需加盖用工主体单位公章。

图 54

第五步：班组长（包工头）必须向建筑企业（劳务公司）财务部提供以下证明农民工劳务款真实性的法律资料：

（1）在建筑企业（劳务公司）与农民工签订全日制用工合同的情况下，则提供农民工本人签字并按手印的"农民工工资表""农民工工时考勤表"，范本如图 55 和图 56 所示。

农民工工资表

项目名称：　　　　　　　　班组名称：　　　　　　　　时间：　年　月

序号	姓名	手机号	工种	工资卡开户银行	银行卡号	身份证号	工作量		工资计算标准		应得工资	借支预支金额	实得工资金额	农民工签字	备注
							计时	计件	计时	计件					

班组负责人：　　　　　　劳资专管员：　　　　　　项目负责人：　　　　　　财务负责人：　　　　　　法人代表：

图 55

		年-月(民工工时考勤登记表)	归属班组名称	备注	农民工签字
姓名	身份证号	工时时间（工作量）			

班组长：　　　　　　　　项目负责人：　　　　　　　　财务负责人：

图 56

（2）在建筑企业（劳务公司）与农民工签订劳务专业作业分包合同的

情况下，则提供农民工本人签字并按手印的"农民工劳务款结算单""农民工完成的劳务工程量计量单"。

（3）班组长（包工头）必须制作签字并按手印的"农民工劳务款结算单"、"农民工完成的劳务工程量计量单"、"农民工工资表"、"农民工工时考勤表"、农民工本人签字的银行卡复印件等（需农民工签字处必须由农民工本人签字并按手印）。提供以上表格的纸质文档的同时将电子数据文档等内容以电子邮件形式发到建筑企业（劳务公司）的指定邮箱，班组长（包工头）雇用的农民工的工资卡由班组长（包工头）自行办理，班组长（包工头）报送建筑企业（劳务公司）经农民工签字并按手印的所有表格及文档，并对其真实性负责。

3

"业财税法融合"控税秘籍二：
"农民工工资专用账户+实名制"
下的农民工工资支付管理策略

农民工工资专用账户管理是指在房屋建筑和市政基础设施工程建设过程中，实行人工费（工资款）与其他工程款分账管理，施工总承包企业（包括直接承包建设单位发包工程的专业承包企业），设立农民工工资专用账户（简称"工资专用账户"）并为农民工办理实名制工资支付银行卡（简称"工资卡"），建设单位（包括项目业主、项目代建管理单位）按照合同约定将应付工程款中的人工费（工资款）拨付至农民工工资专用账户，施工总承包企业委托农民工工资专用账户开户银行（简称"开户银行"）直接将农民工工资发放至农民工工资卡的一系列监督管理活动。在这种农民工工资专用账户管理中，涉及如何签订建筑合同、财务核算和税务处理等一系列问题。

一、实施农民工工资专用账户管理的法律缘由：规避建筑施工企业拖欠农民工工资的法律风险

（一）拖欠建筑劳务农民工工资的施工企业将被列入黑名单，面临降低建筑资质的法律风险

《国务院办公厅关于促进建筑业持续健康发展的若干意见》（国办发〔2017〕19号）第六条第（十三）项规定："健全工资支付保障制度，按照谁用工谁负责和总承包负总责的原则，落实企业工资支付责任，依法按月足额发放工人工资。将存在拖欠工资行为的企业列入黑名单，对其采取限制市场准入等惩戒措施，情节严重的降低资质等级。"《国务院办公厅关于全面治理拖欠农民工工资问题的意见》（国办发〔2016〕1号）第四条第（十）项规定："建立拖欠工资企业'黑名单'制度，定期向社会公开有关信息。"《拖欠农民工工资"黑名单"管理暂行办法》（人社部规〔2017〕16号）第五条规定，用人单位存在下列情形之一的，人力资源社会保障行政部门应当自查处违法行为并作出行政处理或处罚决定之日起20个工作日内，按照管辖权限将其列入拖欠工资"黑名单"。（一）克扣、无故拖欠农民工工资报酬，数额达到认定拒不支付劳动报酬罪数额标准的；（二）因拖欠农民工工资违法行为引发群体性事件、极端事件造成严重不良社会影响的。

将劳务违法分包、转包给不具备用工主体资格的组织和个人造成拖欠农民工工资且符合前款规定情形的，应将违法分包、转包单位及不具备用工主体资格的组织和个人一并列入拖欠工资"黑名单"。

基于以上法律规定，建筑施工企业今后发生拖欠农民工工资的现象，将被政府管理部门列入黑名单，面临降低建筑资质的风险。

（二）拖欠农民工工资的施工企业将被列为失信企业，严重影响施工企业的社会信誉，以后在建筑市场上很难生存发展

《国务院办公厅关于全面治理拖欠农民工工资问题的意见》（国办发〔2016〕1号）第四条第（十）项规定："将查处的企业拖欠工资情况纳入人民银行企业征信系统、工商部门企业信用信息公示系统、住房城乡建设等行业主管部门诚信信息平台或政府公共信用信息服务平台。"同时，第四条第（十一）项规定："对拖欠工资的失信企业，由有关部门在政府资金支持、政府采购、招投标、生产许可、履约担保、资质审核、融资贷款、市场准入、评优评先等方面依法依规予以限制，使失信企业在全国范围内'一处违法、处处受限'，提高企业失信违法成本。"《拖欠农民工工资"黑名单"管理暂行办法》（人社部规〔2017〕16号）第八条规定："人力资源社会保障行政部门应当按照有关规定，将拖欠工资'黑名单'信息纳入当地和全国信用信息共享平台，由相关部门在各自职责范围内依法依规实施联合惩戒，在政府资金支持、政府采购、招投标、生产许可、资质审核、融资贷款、市场准入、税收优惠、评优评先等方面予以限制。"

基于以上规定，拖欠农民工工资的施工企业将没有信誉，被列为失信企业，将很难从银行获得贷款，很难在建筑市场上作为参与中标的入选单位。

（三）拖欠农民工工资的现象发生，建设单位和建筑总承包单位承担主要责任

《国务院办公厅关于全面治理拖欠农民工工资问题的意见》（国办发〔2016〕1号）第二条第（三）项规定："在工程建设领域，施工总承包企业（包括直接承包建设单位发包工程的专业承包企业，下同）对所承包工程项目的农民工工资支付负总责，分包企业（包括承包施工总承包企业发包工程的专业企业，下同）对所招用农民工的工资支付负直接责任，不得以工程款未到位等为由克扣或拖欠农民工工资，不得将合同应收工程款等经营风险转嫁给农民工。"同时，第三条第（九）项规定："在工程建设领域，建设单位或施工总承包企业未按合同约定及时划拨工程款，致使分包企业拖欠农民工工资的，由建设单位或施工总承包企业以未结清的工程款为限先行垫付农民工工资。建设单位或施工总承包企业将工程违法发包、转包或违法分包致

使拖欠农民工工资的,由建设单位或施工总承包企业依法承担清偿责任。"基于以上法律政策规定,如果工程建筑领域存在拖欠农民工工资的现象,建设单位和总承包企业负主要责任。

二、"农民工工资专用账户+实名制"下的建筑企业总承包方通过其设立的农民工工资专用账户发放农民工工资管理流程

(一)建设单位、建筑总承包单位、农民工工资代发银行之间的管理流程

(1)建筑总承包单位在工程所在地的农民工工资代发银行设立农民工工资专用账户,代发银行给建筑总承包单位开具"已设立农民工工资专用账户证明单"。

(2)建设单位、建筑总承包单位、农民工工资代发银行三方签订《农民工工资支付托管协议》。

(3)建筑总承包方将《农民工工资支付托管协议》、已设立农民工工资专用账户证明单到工程所在地建设局工程管理办公室,经审查后,建设局给建筑总承包方办理《建筑工程施工许可证》。

(4)金融机构应当优化农民工工资专用账户开设服务流程,做好农民工工资专用账户的日常管理工作;发现资金未按约定拨付等情况的,及时通知施工总承包单位,由施工总承包单位报告人力资源社会保障行政部门和相关行业工程建设主管部门,并纳入欠薪预警系统。

(5)工程完工且未拖欠农民工工资的,施工总承包单位公示30日后,可以申请注销农民工工资专用账户,账户内余额归属施工总承包单位所有。

(二)建筑总承包单位、农民工之间的管理流程

(1)建筑总承包单位通过全国建筑工人管理服务信息平台,对建筑工人进行实名制登记,记录建筑工人的身份信息、培训情况、职业技能、从业记录等信息,上传到建设局的建筑工人管理服务信息平台。同时给农民工办理与农民工手机绑定的银行工资卡,发放到每一位农民工手中。

(2)建筑总承包单位与农民工签订固定期限的劳动合同,约定工资支付标准、支付时间、支付方式等内容,并建立农民工花名册,如图57所示,

主要包括以下内容：姓名、身份证号码、工种、进场时间、离场时间等。将农民工花名册交到工程所在地的人力资源社会保障部门备案（注意：各地方的管理规定有所差异，有的地方不需要备案）。如施工过程中农民工人数有增减，应当自变化之日起 10 日内，将新的农民工花名册交到工程所在地的人力资源社会保障部门备案。

农民工花名册

项目名称：   用工单位名称（盖章）：

序号	姓名	性别	身份证号	联系方式	工种	工作岗位	进场时间	劳动者签名	离场时间	劳动者签名

图 57

（3）施工总承包企业在工程项目部应配备劳资专管员，留存农民工花名册、劳动合同、农民工身份证和职业资格证书复印件。

（4）施工总承包企业在施工现场设立"农民工维权告示牌"（注意：该步骤由建筑总承包方自愿选择采用）。"农民工维权告示牌"范本如图 58 所示。

（5）施工总承包企业在工程项目部配备的劳资专管员负责审核项目部班组长编制的"农民工工资支付表"和"农民工工时考勤表"的真实性。

"农民工工资支付表"范本如图 59 所示。

"农民工工时考勤表"范本如图 60 所示。

（6）建筑企业总承包方应建立劳动用工和工资支付季报制度，要按照劳动用工及工资支付情况编制季度统计表，如图 61 所示。及时统计并报送项目所在地劳动保障行政部门。

（7）基于建筑企业总承包方与农民工签订劳动合同的考虑，建筑企业总承包方是用人单位，是农民工的个税和社保费用的扣缴义务人。

农民工维权告示牌

项目全体农民工：

为保障你在本项目劳动期间的合法权益，帮助你依法有序维权，现将有关情况告示如下：

◆农民工劳动保障权益主要内容

建筑领域直接招用农民工的施工企业或劳务分包企业，必须依照《中华人民共和国劳动法》、《中华人民共和国劳动合同法》的规定，与农民工签订劳动合同，并提倡签订集体合同。

建筑领域直接招用农民工的施工企业或劳务分包企业，必须按劳动合同约定或劳动保障法律法规规定足额支付工资。

◆特别提醒

如果用人单位拒不与你签订劳动合同、集体合同，以及未按劳动合同、集体合同约定足额支付工资，请及时向劳工监督员或劳工管理员反映有关情况，由其协调解决；同时也可向项目所在地劳动保障监察机构投诉。

为有效维护你的权益，你应妥善保留各种有效证据，如劳动合同或协议、工作证件、工资结算单等。

施工企业劳工管理员：　　　　　　联系电话：

分包企业劳工管理员：　　　　　　联系电话：

建设单位劳工监督员：　　　　　　联系电话：

劳动保障监察机构：　　　　　　　投诉电话：

图 58

农民工工资表

项目名称：					班组名称：					时间：　年　月			
序号	姓名	手机号	工种	工资卡开户银行	银行卡号	身份证号	工作量		工资计算标准		应得工资	借支预支金额	实得工资金额	农民工签字	备注
							计时	计件	计时	计件					

班组负责人：　　　　　　劳资专管员：　　　　　项目负责人：　　　　财务负责人：　　　法人代表：

图 59

姓名	身份证号	年-月民工工时考勤登记表 工时时间（工作量）	归属班组名称	备注	民工签字

班组长：   项目负责人：   财务负责人：

图 60

劳动用工及工资支付情况汇总表							
项目名称：			时间： 年 季度				
用工变动情况			工资支付情况				其他
当月离场 人数	当月新增进场 人数	月末农民工 人数	应付工 资总额	应付工资人数	实付工 资总额	实付工 资人数	签订劳 动合同 人数
（人）	（人）	（人）	（元）	（人）	（元）	（人）	（人）
本季度 第一月							
本季度 第二月							
本季度 第三月							
季度合计							

图 61

（8）建筑企业总承包方以农民工本人签字并按手印的"农民工工时考勤表""农民工工资支付表""农民工身份证复印件"入成本。

三、"农民工工资专用账户+实名制"下的建筑企业总承包方通过其设立的农民工工资专用账户代发劳务公司农民工工资的管理流程

（一）建筑企业总承包方、劳务公司之间的管理流程

（1）建筑企业与劳务公司签订劳务分包合同，在劳务分包合同中约定

"农民工工资支付办法"条款,该条款必须约定:劳务公司雇用的农民工工资由建筑总承包方通过其设立的农民工工资专用账户代发。

(2)建筑企业与劳务公司签订劳务分包合同,在劳务分包合同中约定"发票开具"条款,该条款必须约定两点:

第一,劳务公司向建筑总承包方开具增值税专用发票时,在发票"备注栏"可以打印"含总包企业通过农民工工资专户代付农民工工资****元";必须在发票"备注栏"打印"项目所在地的县(市、区)和项目的名称"。

第二,劳务公司向建筑总承包方开具3%的增值税专用(普通)发票。

(3)建筑总承包方将农民工工资专用账户银行盖章的农民工工资代发流水单交给劳务公司,劳务公司将该银行盖章的农民工工资代发流水单与增值税发票存根联一同装订备查。

(4)劳务公司与设立农民工工资专用账户的建筑企业总承包方签订"农民工工资代发委托书"。农民工工资代发委托书范本如图62所示。

(5)劳务公司应当按月考核农民工作量并编制工资支付表,经农民工本人签字确认后的"农民工工资支付表"和"农民工工时考勤表",与当月工程进度(每月的工程劳务量确认单)等情况一并交施工总承包单位。

(6)施工总承包单位根据劳务公司编制的工资支付表,通过农民工工资专用账户直接将工资支付到农民工本人的银行账户,并向劳务公司提供农民工工资专用账户银行代发工资凭证。

用于支付农民工工资的银行账户所绑定的农民工本人社会保障卡或者银行卡,用人单位或者其他人员不得以任何理由扣押或者变相扣押。

(7)劳务公司应将农民工本人签字的农民工花名册、身份证复印件、"每月农民工工时考勤表"和"农民工工资支付表"各一份交给建筑企业总承包方备案。

(二)劳务公司与农民工之间的管理流程

(1)劳务分包企业负责为招用的农民工通过工程所在地建设局的农民工管理服务信息平台进行农民工的实名登记。

(2)在建筑工程所在地与建筑企业总承包方签订《农民工工资支付托管协议》的农民工工资专用账户开户行办理农民工工资卡,并负责将工资卡发放至农民工本人手中。

(3)劳务公司与农民工签订固定期限的劳动合同,并登记农民工花名册,一式三份,其中一份交给设立农民工工资专用账户的建筑企业总承包方

农民工工资代发委托书

（参考文本）

甲方：（施工总承包企业）

乙方：（分包企业）

_____项目农民工工资，根据《中华人民共和国合同法》和《关于建筑领域实施农民工工资专用账户管理及银行代发制度的通知》等相关要求，经双方友好协商，现就农民工工资委托支付事宜协议如下：

一、甲方承诺按合同约定，按月足额发放农民工工资。不得以工程款被拖欠为由拒付农民工工资。

二、乙方委托甲方代发农民工工资，承诺每月按时将施工班组签字和农民工本人签字确认的农民工资表报送甲方，并对其真实性负责。

三、农民工工资应按月支付，支付的工资作为甲方拨付工程进度款的依据，并从中扣除。

四、农民工工资发放及考勤

1.乙方对所用农民工进退场登记，甲方应该为乙方登记提供方便，并实施有效监督。

2.甲方委派_____为劳资管理员，乙方委派_____为劳资管理员，负责农民工进出场登记、用工考勤及计量、工资编制、审核、上报、发放等工作。

五、违约责任

施工期间，若发生农民工工资拖欠问题，按下列方式处理：

1.甲方按规定落实对农民工工资负总责，无条件支付和解决所欠农民工工资，并承担相应的违约责任。

2.乙方伪造出勤信息、提供虚假身份信息套取工资、高估冒算超出费用，甲方向乙方追偿，并从剩余劳务工程款中直接扣除。

3.任何一方未履行承诺，对方有权追究其法律责任。本协议一式两份，甲乙双方各执一份，双方签字盖章后生效。

甲　　方：（盖章）　　　　　　　乙　　方：（盖章）

法定代表：（签字）　　　　　　　法定代表：（签字）

　　年　月　日　　　　　　　　　　年　月　日

（注：本协议为参考文本，在此基础上，协议双方可根据项目的具体要求进行补充。）

图 62

备案，一份给当地的人力资源社保局备案（注意：有的地方的人力资源社保局不需要备案）。

（4）劳务公司指定劳资专管员负责每月考核农民工工作量并编制工资支

付表,经农民工本人签字确认后,将"农民工工时考勤表"和"农民工工资表"交劳务公司负责人,审核无误并签字,一式两份,其中一份交施工总承包单位委托银行通过其设立的农民工工资专用账户直接将工资划入农民工个人工资支付银行卡,一份留给劳务公司作为财务核算的依据。

(5)劳务公司的劳资专管员必须收集每一位农民工的身份证复印件,并要求农民工本人务必在其身份证复印件上签字确认。

(6)在项目部公示工资表。劳务公司按月考核农民工完成工作量编制"农民工工资支付表",经由农民工本人签字确认后交施工总承包企业在建筑工地醒目位置予以公示,公示期不得少于5日。农民工工资发放公示表如图63所示。

农民工工资发放公示表

_____项目_____标段工友们:

我公司将于近日通过银行汇款方式发放你们在本项目自 年 月 日至 年 月 日结算的劳务工资款。本次发放工资名单如下,如对工资核算存有异议的,请及时向本公司项目部投诉反映。

××(建设单位)劳资监督员姓名:　　　　联系电话:
××(施工总承包企业)劳资管理员姓名:　　　　联系电话:
××(用工主体/分包企业)劳资管理员姓名:　　　　联系电话:

工资名单

序号	工种	工人姓名	本次工资核算截止日期	备注
1				
2				
3				
4				
5				
6				
7				

说明:1. 在本名单中如有不属于本班组工人的,请工友向项目部投诉,避免有人冒领工资。
　　　2. 本公示名单需加盖用工主体单位公章。

图63

(7)劳务公司是农民工个税和社保的扣缴义务人,依法向工程劳务所在地税务局对农民工工资进行个税的纳税申报。并要求农民工在家乡购买"新农合"和"新农保"的缴费流水单交到劳务公司财务部进行存档备查。

4

"业财税法融合"控税秘籍三：
建筑行业农民工个税的三种
纳税申报管理策略

在建筑行业发放农民工工资的实践中，农民工工资如何纳税管理？如何进行纳税方案设计，才可以规避纳税风险？基于建筑行业中的个税税收政策规定，笔者结合实践调研情况，提出建筑行业农民工个税的以下三种纳税管理及其规避税收风险的纳税方案设计：一是建筑行业项目作业人员（包括农民工）个人所得税核定征收方法的纳税方案设计；二是建筑企业或劳务公司与农民工签订固定期限劳动合同情况下的全员全额申报农民工个税的纳税筹划方案设计；三是建筑企业或劳务公司与班组长签订专业作业劳务分包合同的农民工和班组长的个人所得税的纳税方案设计。具体分析如下：

一、项目部核定征收农民工个税

（一）适用条件

《国家税务总局关于建筑安装业跨省异地工程作业人员个人所得税征收管理问题的公告》（国家税务总局公告 2015 年第 52 号）第三条、《国家税务总局关于建筑安装企业扣缴个人所得税有关问题的批复》（国税函〔2001〕505 号）第一条和《国家税务总局关于印发〈建筑安装业个人所得税征收管理暂行办法〉的通知》（国税发〔1996〕127 号）第六条规定，建筑企业、劳务公司跨省异地施工或省内异地施工项目部农民工个税核定征收适用的条件如下：

工程项目所在地税务主管部门对施工项目经营收入或不含增值税的项目开票金额的一定比例，如广东、江苏为 0.4%，浙江为 0.5%，青岛为 0.5%，湖北为 0.5%，深圳为 0.2%，新疆、重庆为 1%，湖南为 0.4%~1%，核定征收工程项目部管理人员、技术人员和其他工作人员（包括农民工）的个人所得税。

（二）纳税申报管理的税法依据

1. 项目部农民工个税的纳税地点：工程项目部所在地的税务主管部门

《国家税务总局关于建筑安装业跨省异地工程作业人员个人所得税征收管理问题的公告》（国家税务总局公告 2015 年第 52 号）第一条规定，建筑企业、劳务公司跨省异地施工或省内异地施工项目部农民工个税的缴纳地点是工程项目所在地税务主管部门。

2. 工程项目所在地和机构所在地税务局不得重复征收农民工个税

根据《国家税务总局关于建筑安装业跨省异地工程作业人员个人所得税征收管理问题的公告》（国家税务总局公告 2015 年第 52 号）第三条和《国家税务总局关于建筑安装企业扣缴个人所得税有关问题的批复》（国税函〔2001〕505 号）第一条，如果建筑企业、劳务公司跨省异地施工或省内异地施工项目部的税务局对施工项目经营收入或不含增值税的项目开票金额的一定比例核定征收个税后，建筑企业、劳务公司机构所在地税务机关不得对异地工程作业人员包括农民工已纳税的工资、薪金所得重复征税。

3. 建筑企业、劳务公司与农民工签订灵活就业协议书或固定期限的劳动合同

如果签订灵活就业协议书，则根据《中华人民共和国社会保险法》的规定，建筑企业、劳务公司发放农民工工资，不承担农民工社会保险费用；如果签订固定期限劳动合同，则农民工在其户籍所在地社保所缴纳"新农合和新农保"，并将有关缴费凭证打印一份交给建筑企业或劳务公司保管备查。

（三）纳税申报管理策略

第一步：建筑企业或劳务公司必须到工程所在地税务局索取税务局开具的"中华人民共和国税收完税证明"，特别提醒：该"中华人民共和国税收完税证明"上的第二列"税种"栏填写"个人所得税"，第三列"品目名称"栏填写"工资薪金所得"字样，而不是填写"个人承包承租经营所得"字样。具体的格式范本如图 64 所示。

第二步：根据国家税务总局 2015 年公告第 52 号文件的规定，建筑企业或劳务公司在公司注册地凭借农民工本人签字按手印的真实的工资表（注意：不要都是每月每人 5000 元，而是真实的工资数额，如 6000 元、7000元、10000 元）、农民工工时考勤表、身份证复印件入工资成本。建筑企业总承包方不需要在工程所在地和公司注册地税务局通过个税申报系统进行全员全额申报农民工个人所得税。

第三步：建筑企业、劳务公司将农民工、项目部管理人员和技术人员的工资和按照项目部经营收入的一定比例核定征收的个人所得税直接通过"合同履约成本——工程施工——项目部人工费用"科目进行会计核算，不通过"应付职工薪酬——项目部人员工资"科目核算。这样可以节约未来的残保基金和工会经费。

第四步：建筑企业或劳务公司在每年的 5 月 31 日之前进行上一年度企

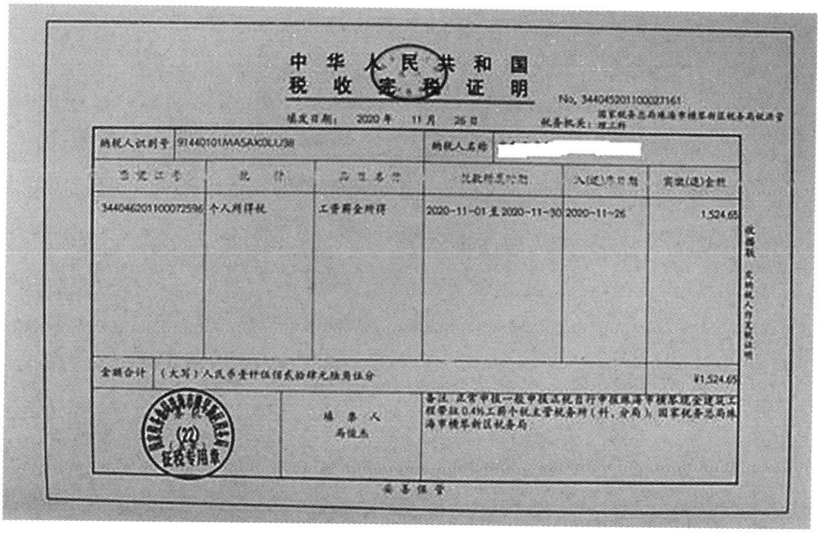
中华人民共和国
税收完税证明
No. 344045201100023161
填发日期：2020年11月26日
纳税人识别号 91440101MA5AK0LU38
纳税人名称
344046201100072596	个人所得税	工资薪金所得	2020-11-01 至 2020-11-30	2020-11-26	1,524.65
金额合计 ¥1,524.65
征税专用章
妥善保管

图 64

业所得税汇算清缴时，必须按照项目部经营收入的一定比例核定征收的个人所得税进行纳税调增补缴企业所得税。

二、全员全额申报农民工个税

（一）适用条件

目前，全国大部分省份的税务局都没有实施按照工程项目经营收入的一定比例核定征收项目部作业人员的个税政策。对于这些省份发生的工程项目，必须要对农民工的工资薪金综合所得，实行全员全额征收个人所得税政策。概括而言，对施工项目部的农民工实施全员全额申报农民工个税，必须同时具备以下两个条件：

（1）适用于项目工程所在地税务主管部门没有对跨省异地施工或省内异地施工的建筑企业或劳务公司按照建筑企业或劳务公司的异地项目经营收入或不含增值税的项目开票金额的一定比例核定征收项目部作业人员个人所得税的情况。

（2）适用于既实施农民工实名制登记管理又实施农民工工资专用账户代发（发放）农民工工资的房建和市政工程项目。

（二）纳税申报管理的税法依据分析

1. 农民工个税免于汇算清缴的税法依据分析

《财政部 税务总局关于个人所得税综合所得汇算清缴涉及有关政策问题的公告》（财政部 税务总局公告 2019 年第 94 号）、《国家税务总局关于办理 2019 年度个人所得税综合所得汇算清缴事项的公告》（国家税务总局公告 2019 年第 44 号）第一条和《国家税务总局关于办理 2020 年度个人所得税综合所得汇算清缴事项的公告》（国家税务总局公告 2021 年第 2 号）第二条规定，2019 年 1 月 1 日至 2020 年 12 月 31 日居民个人取得的综合所得，年度综合所得收入不超过 12 万元且需要汇算清缴补税的，或者年度汇算清缴补税金额不超过 400 元的，或者已预缴税额与年度应纳税额一致或者不申请退税的居民个人可免于办理个人所得税的综合所得汇算清缴。居民个人取得综合所得时存在扣缴义务人未依法预扣预缴税款的情形除外。

基于以上税法规定，在 2019 年度、2020 年度的两年之内，在建筑企业（劳务公司）每月给农民工的工资薪金综合所得，实施全员全额预扣预缴申报农民工个人所得税的情况下，如果建筑企业（劳务公司）年底放假前一次性支付给农民工每月预提未发放的部分工资薪金所得没有申报个人所得税，则农民工一个年度内预缴的个人所得税小于应纳个人所得税。《中华人民共和国个人所得税法实施条例》（中华人民共和国国务院令第 707 号）第二十五条和《国家税务总局关于个人所得税自行纳税申报有关问题的公告》（国家税务总局公告 2018 年第 62 号）第一条规定：纳税年度内预缴税额低于应纳税额的，应办理个税汇算清缴补税。农民工工资薪金综合所得必须进行个税汇算清缴。但是农民工年度综合所得收入不超过 12 万元（实际工作中，农民一年工作时间绝对不到 12 个月，年工资薪金综合所得肯定小于 12 万元），在 2019 年度和 2020 年度符合"免于办理个人所得税综合所得汇算清缴"的条件：年度综合所得收入不超过 12 万元且需要汇算清缴补税。

2. 农民工免于个人所得税汇算清缴必须同时具备的四个条件

基于以上税法政策的分析，建筑企业（劳务公司）的农民工免于办理或无须办理个人所得税的综合所得汇算清缴必须同时具备以下三个条件：

（1）建筑企业（劳务公司）依法履行每月给农民工办理实际发放的工资薪金进行预扣预缴个人所得税。

（2）建筑企业（劳务公司）雇用的农民工一年工资薪金综合所得收入不超过12万元（即满足需要汇算清缴补个税的条件）。

（3）农民工满足需要汇算清缴补税的条件：纳税年度内预缴税额低于应纳税额的，应办理个税汇算清缴补税。

（三）纳税申报的三种管理策略

由于农民工流动频繁和工作时间长短不一样，有只工作1个月、2个月等就离开工地的实际情况，导致建筑企业实施农民工全员全额申报个人所得税工作的烦琐。因此，建议按照以下三种方法进行纳税方案设计。

1. 纳税申报管理策略一

如果农民工工资标准预计每月5000元以下，则建筑企业与农民工签订劳动合同时，在"工资结算和支付"条款中，要么约定日工资制，要么约定计件工资制，建筑企业每月向工程所在地税务局通过个税申报系统进行全员全额零申报农民工个人所得税。

2. 纳税申报管理策略二

如果农民工工资标准预计每月超过5000元而小于或等于10000元，且年工资薪金所得收入低于12万元（含12万元）的情况下，则实行"日工资制或计件工资制"的薪酬制度。具体操作步骤如下：

（1）建筑企业或劳务公司与农民工签订固定期限劳动合同时，在"工资标准"条款中约定日工资或计件工资标准。如果约定"日工资"标准，则一般约定大工每天多少钱，小工每天多少钱；如果约定计件工资标准，则约定每平方米或每吨多少钱。

（2）建筑企业或劳务公司与农民工签订固定期限劳动合同时，在"工资支付时间"条款中约定：根据每月工作量或工时考勤表计算的月度工资分两次发放，每月由建筑企业通过农民工工资专用账户（房建和市政工程）代发或由建筑企业（劳务公司）通过现金或银行（没有实施农民工专用账户代发或发放工资的建筑项目）发放5000~5500元，绝对不可以每人都发5000元，按照实际发放的工资进行全员全额申报个税。剩下的未发部分工资于合同到期或年底放假前一次性累计汇总，由建筑企业（劳务公司）通过现金或银行（包括农民工工资专用账户）发放给农民工本人。

（3）建筑企业或劳务公司与农民工签订固定期限劳动合同时，在"个人所得税费承担"条款中约定：农民工的个人所得税由建筑企业（劳务公司）进行承担。基于公司承担农民工个税的账务处理如下：

1）计提农民工工资时的账务处理：

借：合同履约成本——人工费用

　　贷：应付职工薪酬——项目部农民工工资

2）支付农民工工资时的账务处理：

借：应付职工薪酬——项目部农民工工资

　　贷：银行存款（或应付职工薪酬——通过建筑总包农民工工资专户
　　　代付农民工工资）

　　　应交税费——农民工个人所得税

3）支付农民工个税时的账务处理：

借：应交税费——农民工个人所得税

　　贷：银行存款

（4）建筑企业（劳务公司）每个月向工程所在地税务局，就实际发放的农民工工资通过个税申报系统进行全员全额申报农民工个人所得税。

（5）当农民工劳动合同到期或年底放假前，建筑企业（劳务公司）将每月预提未发放的部分农民工工资一次性发给农民工本人。一次性发放每月预提未发放的部分农民工工资的当月不申报个税，主要是构成农民工工资薪金综合所得，不符合个税汇算清缴的条件。

（6）建筑企业（劳务公司）对农民工取得的工资薪金综合所得免予个税汇算清缴。

根据以上六步法和现有税法规定，农民工工资薪金综合所得免于个税汇算清缴的分析如下：

（1）建筑企业（劳务公司）每个月向工程所在地税务局，就实际发放农民工工资（5000~5500元）通过个税申报系统进行全员全额零申报农民工个人所得税。符合免于个税汇算的第一个条件：建筑企业（劳务公司）依法履行每月给农民工办理预扣预缴个人所得税。

（2）建筑企业（劳务公司）通过劳动合同设定的月工资乘以一年的工资月份数（低于12个月，最多11个月）的年工资收入小于或等于12万元，符合免于个税汇算的第二个条件，即建筑企业（劳务公司）雇用的农民工一年工资薪金综合所得收入不超过12万元。

（3）建筑企业（劳务公司）将于合同到期或年底放假前一次性发放每月预提未发放的汇总工资，在发放当月不申报个税，是符合免于个税汇算的第三个条件：农民工满足需要汇算清缴补税的条件，即纳税年度内预缴税额低于应纳税额的，应办理个税汇算清缴补税。

例如,某建筑劳务公司承包一个工程劳务项目,聘请了100位农民工,劳务公司与100位农民工签订了"固定期限"的劳动合同,合同约定:农民工个税由劳务公司承担,时间是2020年2月1日至2020年11月30日,实行日工资制,每日工资300元,每月实际工作天数为25天,工作时间为10个月,则每月通过农民工专用账户实际发放农民工工资5500元,剩余每月2000元于合同到期或年底放假前一次性结清。劳务公司在工程所在地税务局通过个税申报系统给每一位农民工全员全额申报个人所得税15元,该15元由劳务公司承担。由于一次性支付农民工本人的每月预提未发放的部分工资20000元(10个月×2000元),劳务公司不申报个税,用支付明细列入成本。《财政部 税务总局关于个人所得税综合所得汇算清缴涉及有关政策问题的公告》(财政部 税务总局公告2019年第94号)第一条规定,农民工一年收入75000元小于120000元,在一次性支付农民工本人的每月预提未发放的部分工资20000元的当月,劳务公司没有申报个税,依据国家税务总局2018年公告第62号文件第一条的规定,必须要进行个人所得税汇算清缴补税。但是在2019年度和2020年度符合"免于办理个人所得税综合所得汇算清缴"的以下条件:年度综合所得收入不超过12万元且需要汇算清缴补税。

温馨提示

第一,以上六步法的实施必须满足一个条件:建筑工地上的农民工必须同意建筑企业或劳务公司每月只实际发放5000~5500元工资,剩下的部分未发工资于年底放假或合同到期前一次性发放。

第二,建筑企业或劳务公司每月履行预扣预缴个税的综合所得是农民工每月实际收到或实际取得的工资薪金综合所得,而不是对每月预提而未发放的工资薪金履行预扣预缴个税[法律依据:《财政部 税务总局关于个人所得税综合所得汇算清缴涉及有关政策问题的公告》(财政部 税务总局公告2019年第94号)和《国家税务总局关于办理2019年度个人所得税综合所得汇算清缴事项的公告》(国家税务总局公告2019年第44号)第一条第二款规定,**居民个人取得综合所得时存在扣缴义务人未依法预扣预缴税款的情形除外。注意:文件强调的是"取得综合所得"**]。

3. 纳税申报管理策略三

如果建筑工地农民工强烈要求建筑企业或劳务公司每月如实发放工资薪金所得，且满足以下两个条件：

（1）全员全额申报建筑工人个人所得税必须适用的条件是：建筑工地所在地的税务局（一般是省税务局）没有对建筑企业和劳务公司实行按照项目经营收入（或项目产值，或不含增值税的开票金额）的一定比例（一般为0.4%~1%）核定代征项目作业人员个人所得税（国家税务总局公告2015年第52号），而是实行建筑工人全员全额申报建筑工人个人所得税。

（2）建筑企业或劳务公司与建筑工人签订固定期限劳动合同，且建筑工人自纳税年度的1月1日起至新入职于建筑企业或劳务公司之间，至少有两个月（实践中一般都是每年的3月才到建筑企业或劳务公司就职，因为农民工1~2月都要在家里过春节和元宵节，所以3月才到工地上上班）没有在任何建筑公司或劳务公司就职取得"工资、薪金所得"收入。

《国家税务总局关于完善调整部分纳税人个人所得税预扣预缴方法的公告》（国家税务总局公告2020年第13号）第一条规定："**对一个纳税年度内首次取得工资、薪金所得的居民个人，扣缴义务人在预扣预缴个人所得税时，可按照5000元/月乘以纳税人当年截至本月月份数计算累计减除费用。**"建筑企业或劳务公司按照以下方法进行个税的纳税设计：

（1）如果农民工的月工资收入为6000元，则建筑企业或劳务公司3~12月共10个月实际发放的月工资6000元，每月都是零申报个税。

（2）如果农民工的月工资收入为7000元，则建筑企业或劳务公司3~7月共5个月实际发放的月工资7000元，每月都是零申报个税。8~12月，每月实际发放和个税申报处理有以下两种方法：

第一，如果本工程项目是必须实施农民工工资专用账户代发或发放农民工工资又是必须实施农民工实名制登记管理的项目（典型的是房建和市政工程）的情况下，则建筑企业或劳务公司自8月起到12月止，必须对通过农民工专用账户发放的7000元月工资履行全员全额申报农民工个人所得税，每人每月申报个税60元［（7000-5000)×3%］。这部分个税由劳务公司或建筑企业承担。

第二，如果本工程项目不实施农民工工资专用账户代发或发放农民工工资又不实施农民工实名制登记管理的项目（非房建和非市政工程）的情况下，则建筑企业或劳务公司自8月起到12月止，每月只发放5000元以下（如发放4900元），且履行全员全额零申报农民工个人所得税，财务上每月预提剩下的未发放的工资，这部分每月预提剩下的未发放的工资，将安排班组长借支给农民工，建筑企业或劳务公司挂往来款，欠班组长垫出的钱于合同到期或年底放假前一次性偿还给班组长，发放当月不申报个税，符合免个人所得税汇算清缴的条件，参见以上**“纳税申报管理策略二”**中的论述。

（3）如果农民工的月工资收入为8000元，则农民工在建筑企业或劳务公司只工作3个月而离开的情况下，即从3月开始到5月共3个月的工作时间，实际发放的月工资为8000元，每月都是零申报个税。

（4）如果农民工在当年6月入职于建筑企业或劳务公司，且在5月之前每月在任何建筑企业或劳务公司就职或者6月的工资收入是农民工在当年首次取得的工资薪金收入，则月工资收入为7000元、8000元的农民工，在建筑企业或劳务公司工作到12月都是零申报个人所得税。

但是需要农民工本人签订“纳税年度内首次取得工作薪金所得声明书”，范本格式如图65所示。

纳税年度内首次取得工资薪金所得的声明

____________（单位名称）：

×× ×（纳税人姓名），纳税人识别号（身份证号码）：________手机号码：__________，于___年___月___日入职本单位，在入职本单位前，本纳税年度内尚未取得“工资薪金所得”收入，在本单位取得的“工资薪金所得”收入属于本人在本纳税年度内首次取得工资、薪金所得的居民个人。即自本纳税年度首月起至新入职时，未取得工资、薪金所得或者未按照累计预扣法预扣预缴过连续性劳务报酬所得个人所得税的居民个人。

本人居住地址为：_________，是中华人民共和国居民个人纳税人。现申请单位在预扣预缴个人所得税时，按照5000元/月乘以本人今年1月截至本月月份数计算累计减除费用。

本人对相关资料及本声明书的真实性、准确性、完整性负责，并郑重承诺：如本人提供的资料及本声明书的真实性、准确性、完整性存在瑕疵、虚假而造成贵单位被税务机关处罚的，本人愿意承担给贵单位造成的一切经济损失并接受贵单位的处罚！

特此声明！

声明人：______________

声明日期：______________

图 65

三、代开发票时税务机关核定代征农民工个税

第三种个税纳税管理及其纳税方案设计是指建筑企业或劳务公司与班组长签订专业作业劳务分包合同的纳税管理及其纳税方案设计。

(一) 适用条件

其一, 适用于工程所在地税务主管部门没有对跨省异地施工或省内异地施工的建筑企业或劳务公司按照建筑企业或劳务公司的经营收入或不含增值税的开票金额的一定比例核定代征项目部个人所得税的情况。

其二, 适用于既不实施农民工实名制管理又不实施农民工专用账户代发或发放农民工工资或只实施农民工专用账户代发农民工工资但不实施农民工实名制管理的建筑施工项目。

(二) 纳税申报管理的税法依据分析

1. 班组长 (包工头) 获得的专业作业分包所得, 在税法上是 "经营所得" 而不是 "劳务报酬所得" 性质

(1) "经营所得" 和 "劳务报酬所得" 的税法界定。《中华人民共和国个人所得税法实施条例》第六条第 (二) 项规定, 劳务报酬所得, 指个人从事劳务取得的所得, 包括从事设计、装潢、安装、制图、化验、测试、医疗、法律、会计、咨询、讲学、新闻、广播、翻译、审稿、书画、雕刻、影视、录音、录像、演出、表演、广告、展览、技术服务、介绍服务、经纪服务、代办服务以及其他劳务取得的所得。《中华人民共和国个人所得税法实施条例》第六条第 (五) 项规定, 经营所得, 是指: 个人通过在中国境内注册登记的个体工商户、个人独资企业、合伙企业从事生产、经营活动取得的所得; 个人依法取得执照, 从事办学、医疗、咨询以及其他有偿服务活动取得的所得; 个人承包、承租、转包、转租取得的所得; 个人从事其他生产、经营活动取得的所得。

基于以上税法规定, 新的《个人所得税法》对 "劳务报酬" 税目采用了列举法, 对 "劳务报酬" 征收个人所得税的范围列举了 26 项, 凡是不属于《个人所得税法》中列举的 26 项的劳务所得就不是 "劳务报酬所得" 税目, 不能按照 "劳务报酬" 税目征收个人所得税。但是税收执法中很难区分 "劳务报酬所得" 中的 "个人从事其他劳务取得的所得" 与 "经营所得" 中的 "个人从事其他生产、经营活动取得的所得", 两者有何区别呢? 分析如下:

第一, 税法规定的 "劳务报酬所得" 是指民法规定的 "自然人" 个人从事《中华人民共和国个人所得税法实施条例》第六条第 (二) 项所列举的 26 项劳务所取得的所得。

《中华人民共和国民法总则》（中华人民共和国主席令第 66 号）第十三条规定，自然人从出生时起到死亡时止，具有民事权利能力，依法享有民事权利，承担民事义务。基于此规定，民法上规定的"自然人"是个人，首先是具有自然生物属性的人，从出生开始就获得了民事主体资格。借助生殖辅助技术出生的人（如"试管婴儿"）也同样属于自然人。

《中华人民共和国增值税法》第六条第二款规定，本法所称个人，是指个体工商户和自然人。

《中华人民共和国个人所得税法实施条例》中的"个人"是指自然人和个体工商户业主、个人独资企业投资者、合伙企业合伙人。因为《中华人民共和国民法总则》（中华人民共和国主席令第 66 号）第一百零二条规定，非法人组织是不具有法人资格，但是能够依法以自己的名义从事民事活动的组织。非法人组织包括个人独资企业、合伙企业、不具有法人资格的专业服务机构等。

《中华人民共和国企业所得税法》（中华人民共和国主席令第 23 号）第一条规定，个人独资企业、合伙企业不适用本法。《中华人民共和国个人所得税法实施条例》第六条第（五）项规定，个人通过在中国境内注册登记的个体工商户、个人独资企业、合伙企业从事生产、经营活动取得的所得属于"经营所得"。

基于以上法律规定，《中华人民共和国个人所得税法实施条例》中的"个人"包括自然人、个体工商户业主、个人独资企业投资者、合伙企业合伙人，而个体工商户业主、个人独资企业投资者、合伙企业合伙人取得的所得属于"经营所得"，因此，《中华人民共和国个人所得税法实施条例》第六条第（二）项规定，劳务报酬所得，指个人从事劳务取得的所得中的"个人"是指自然人个人而不是一个组织或团队。

第二，什么是个人从事其他劳务取得的所得？

综观《合同法》可以发现，劳务关系被分拆在承揽合同、技术合同、居间合同、运输合同、建筑施工合同、委托合同等合同关系规定中。因此，从事劳务活动是指从事《合同法》规定的承揽、技术、居间、运输、建筑施工、委托等活动。进而"劳务报酬所得"除了《中华人民共和国个人所得税法实施条例》第六条第（二）项所列举的前 25 项"劳务报酬所得"项目外，还指自然人个人从事《中华人民共和国合同法》规定的承揽、技术、居间、运输、建筑施工、委托等活动取得的报酬。基于此分析，《中华人民共和国个人所得税法实施条例》第六条第（二）项所列举的 26 项"劳务报酬所得"项目中的最后一项"个人从事其他劳务取得的所得"是指自然人本人单独从事本条所列举的前 25 项劳务之外所取得的所得。

第三,什么是个人从事其他生产、经营活动取得的所得?

基于个体工商户从事生产、经营活动取得的所得是"经营所得"的规定,个税法规定的"个人从事生产、经营活动"中的"个人"是指"自然人",不包括"个体工商户"。问题是何为"生产、经营活动"。《安全生产法实施条例(草案征求意见稿)》第八十条规定,生产经营活动是指生产、经营、建设活动,既包括主体性活动,也包括辅助性活动。生产经营单位是指从事生产、经营、建设活动的企业、个体经济组织及其他单位。《关于贯彻执行〈中华人民共和国劳动法〉若干问题的意见》第一条规定,个体经济组织是指一般雇工在七人以下的个体工商户。基于此法律规定,"个人从事其他生产、经营活动"是指自然人个人从事生产、经营、建设活动,生产、经营指将资金投入企业对产品(劳务)按照供产销的方式进行的经营活动。因此,"个人从事生产、经营"活动的核心是自然人要有资金成本投入,参与经营管理取得利润或承担亏损的活动。

第四,班组长(包工头)与劳务公司或建筑企业签订的劳务专业作业分包合同是"个人从事的生产、经营活动"。

基于以上对"个人从事其他劳务所取得的所得"和"个人从事其他生产、经营活动取得的所得"的区别分析,班组长(包工头)必须要有资金成本投入,其聘请的农民工的工资和提供劳务服务期间的生活费必须由班组长(包工头)承担,其与劳务公司签订的专业作业劳务分包合同有可能亏损,也有可能盈利,班组长(包工头)要加强对农民工的管理、指导、监督活动,必须按照承包合同约定的质量、安全、技术标准向劳务公司交付成果。如果出现质量、安全、技术不达标问题,班组长(包工头)必须承担法律责任。

因此,在建筑劳务公司与班组长(包工头)签订劳务专业作业分包合同的情况下,班组长(包工头)带领的农民工从事某一专业作业劳务,其从劳务公司取得的所得,不属于"劳务报酬所得",而属于"个人从事其他生产、经营活动取得的所得",即属于"经营所得"的范畴。

第五,是否办理营业执照不可以作为"劳务报酬所得"和"经营所得"的分水岭。

首先,《个体工商户个人所得税计税办法》(国家税务总局令第 35 号)第三条对个体工商户的范围进行了界定:①依法取得个体工商户营业执照,从事生产经营的个体工商户;②经政府有关部门批准,从事办学、医疗、咨询等有偿服务活动的个人；③其他从事个体生产、经营的个人。基于此规定，个体工商户的范围中包括了不办理营业执照的"其他从事个体生产、经营的个人"。这与《中华人民共和国个人所得税法实施条例》第六条第（五）项规定的"经营所得"第四项中的"个人从事其他生产、经营活动取得的所得"高度重合。

其次，《建筑安装业个人所得税征收管理暂行办法》（国税发〔1996〕127 号）规定，承包建筑安装业各项工程作业的承包人取得的所得，应区别不同情况计征个人所得税：**经营成果归承包人个人所有的所得，或按照承包合同（协议）规定，将一部分经营成果留归承包人个人的所得，按对企事业单位的承包经营、承租经营所得项目征税**；以其他分配方式取得的所得，按工资、薪金所得项目征税。从事建筑安装业的个体工商户和未领取营业执照承揽建筑安装业工程作业的建筑安装队和个人，以及建筑安装企业实行个人承包后工商登记改变为个体经济性质的，其从事建筑安装业取得的收入应依照个体工商户的生产、经营所得项目计征个人所得税。基于此规定，班组长（包工头）带领农民工从事建筑劳务的某一专业作业活动是国税发〔1996〕127 号中所规定的"未领取营业执照承揽建筑安装业工程作业的建筑安装队"。

最后，《国家税务总局关于个人对企事业单位实行承包经营、承租经营取得所得征税问题的通知》（国税发〔1994〕179 号）指出：①承包、承租人对企业经营成果不拥有所有权，仅是按合同（协议）规定取得一定所得的，其所得按工资、薪金所得项目征税，适用 5%～45% 的 9 级超额累进税率。②承包、承租人按合同（协议）的规定只向发包、出租方交纳一定费用后，企业经营成果归其所有的，承包、承租人取得的所得，按对企事业单位的承包经营、承租经营所得项目，适用 5%～35% 的 5 级超额累进税率征税。

因此，根据以上税法文件规定，是否办理营业执照不可以作为"劳务报酬所得"和"经营所得"的分水岭。

（2）分析结论。结合以上法律政策规定，分析结论如下：

第一，个人办理工商营业执照而产生的收入属于经营所得。

第二，个人依法取得执照，从事办学、医疗、咨询等有偿服务活动的个人取得的所得属于经营所得。

第三，对于无营业执照又未经批准的，个人从事企事业单位的承包、承租、转包、转租取得的所得属于经营所得。

第四，在《中华人民共和国个人所得税法实施条例》第六条第（二）项列举的26项范围内的属于劳务报酬所得。

第五，在建筑劳务公司与班组长（包工头）签订劳务专业作业分包合同的情况下，班组长（包工头）带领的农民工从事某一专业作业劳务，其从劳务公司取得的所得，不属于"劳务报酬所得"，而属于"个人从事其他生产、经营活动取得的所得"，即属于"经营所得"的范畴。

2. 班组长（包工头）代开发票的增值税和个税申报缴纳地点：工程作业所在地的税务局

《中华人民共和国发票管理办法》（中华人民共和国国务院令第587号）第十六条规定，需要临时使用发票的单位和个人，可以凭购销商品、提供或者接受服务以及从事其他经营活动的书面证明、经办人身份证明，直接向经营地税务机关申请代开发票。根据财税〔1996〕36号附件1《营业税改征增值税试点实施办法》第四十六条第（三）项规定，其他个人提供建筑服务应向建筑服务发生地主管税务机关申报纳税。因此，班组长（包工头）与建筑企业或劳务公司签订专业作业劳务分包合同发生的建筑劳务，在代开发票时，必须在工程劳务所在地的主管税务机关申报缴纳增值税。

根据国家税务总局2015年公告第52号文件第一条的规定，建筑企业项目作业人员的个人所得税的缴纳地点是建筑工程劳务所在地的税务局。

（三）纳税申报管理策略

第一步：班组长（包工头）在工程所在地税务局按照"经营所得"税目而不是"劳务报酬"税目代开发票时，依照不含增值税金额的开票额的一定比例（如江西、内蒙古、海南为1.3%，四川为1.2%，深圳为0.8%，青海为0.4%）预征个税。

第二步：建筑企业或劳务公司以其与班组长（包工头）双方负责人签字的劳务款结算书和工程劳务量计量确认单和班组长（包工头）代开的发票入成本，作为核算依据。

第三步：在税务局代开发票时，必须在发票的"税收分类与编码栏"中填写"建筑服务——工程劳务"或"其他建筑服务——工程劳务或塔吊作业、钢构作业、土石方作业、抹灰作业、水电安装作业、幕墙玻璃作业等"，且在发票的"备注栏"标明"工程项目所在地的市、县（区）和项目的名称"的字样。

第四步：建筑劳务公司收到班组长（包工头）代开的发票时，按照差额征税的规定，全额给承包单位开具增值税发票，按照"〔劳务公司收取承包单位的所有款项和价外费用-班组长（包工头）的专业作业分包额]÷(1+3%)×3%"差额计征增值税。

第五步：建筑企业或劳务公司必须保留以下涉税资料备查：

（1）建筑企业或劳务公司与班组长签订的专业作业劳务分包合同。

（2）建筑企业或劳务公司与班组长双方负责人签字盖章的专业作业劳务款结算书。

（3）班组长代开发票的个税缴纳完税凭证。

（4）班组长的身份证复印件。

（5）班组长代开发票缴纳增值税及其附加税的发票复印件。

温馨提示

班组长分为以下三类：自然人班组长（包工头）、设立临时税务登记证的班组长（包工头）和注册为个体工商户的班组长（包工头）。

5

"业财税法融合" 控税秘籍四：
建筑行业中班组长（包工头）的
纳税管理策略

建筑行业中的班组长（包工头）分为三类：自然人班组长（包工头）、设立临时税务登记证的班组长（包工头）和注册为个体工商户的班组长（包工头）。以上班组长（包工头）在建筑行业中往往是承包劳务，然后聘请农民工从事劳务完成工作。其纳税管理总结如下：

一、自然人班组长（包工头）的纳税管理

（一）增值税的纳税处理

由于班组长（包工头）与建筑公司或劳务公司签订的是某一工种的专业作业劳务承包合同，提供的专业作业——建筑劳务是建筑服务中的增值税应税范围，必须缴纳增值税，具体的增值税处理如下：

1. 适用的增值税税率

由于自然人班组长（包工头）属于小规模纳税人，适用简易计税法，征收率为3%。《财政部 税务总局关于支持个体工商户复工复业增值税政策的公告》（财政部 税务总局公告2020年第13号）和《财政部 税务总局关于延长小规模纳税人减免增值税政策执行期限的公告》（财政部 税务总局公告2020年第24号）规定：自2020年3月1日至12月31日，对湖北省增值税小规模纳税人，适用3%征收率的应税销售收入，免征增值税。除湖北省外，其他省、自治区、直辖市的增值税小规模纳税人，适用3%征收率的应税销售收入，减按1%征收率征收增值税。

基于以上税收政策分析，2020年3月1日至12月31日自然人班组长（包工头）在湖北省承接建筑劳务，享受免征增值税政策；在湖北省以外省份承接建筑劳务，减按1%征收率征收增值税。如果疫情结束，国家税务总局宣布以上增值税优惠政策终止后，自然人班组长（包工头）属于小规模纳税人，适用简易计税法，征收率为3%。

2. 自然人班组长（包工头）在工程劳务所在地税务局代开发票给建筑企业或劳务公司

《企业所得税税前扣除凭证管理办法》（国家税务总局公告2018年第28号）规定，企业在境内发生的支出项目属于增值税应税项目的，对方为已办理税务登记的增值税纳税人，其支出以发票（包括按照规定由税务机关代开的发票）作为税前扣除凭证；对方为依法无须办理税务登记的单位或者从事小额零星经营业务的个人，其支出以税务机关代开的发票或者收款凭证及内

部凭证作为税前扣除凭证，收款凭证应载明收款单位名称、个人姓名及身份证号码、支出项目、收款金额等相关信息。小额零星经营业务的判断标准是个人从事应税项目经营业务的销售额不超过增值税相关政策规定的起征点。建筑企业将部分业务分包给"包工头"，由其提供的建筑服务，属于增值税应税项目，超过500元的应按照国家税务总局公告2018年第28号规定取得发票。

3. 代开发票的地址：建筑劳务发生地主管税务局

《中华人民共和国发票管理办法》（中华人民共和国国务院令第587号）第十六条规定："需要临时使用发票的单位和个人，可以凭购销商品、提供或者接受服务以及从事其他经营活动的书面证明、经办人身份证明，直接向经营地税务机关申请代开发票。依照税收法律、行政法规规定应当缴纳税款的，税务机关应当先征收税款，再开具发票。税务机关根据发票管理的需要，可以按照国务院税务主管部门的规定委托其他单位代开发票。"《财政部 国家税务总局关于全面推开营业税改征增值税试点的通知》（财税〔2016〕36号）附件1第四十六条第（三）款规定，其他个人提供建筑服务，销售或者租赁不动产，转让自然资源使用权，应向建筑服务发生地、不动产所在地、自然资源所在地主管税务机关申报纳税。

（二）个人所得税的纳税处理

1. 班组长（包工头）个人所得税适用的税目是自然人"经营所得"税目，而不是"劳务报酬所得"税目

国税发〔1996〕127号第三条规定，从事建筑安装业的个体工商户和未领取营业执照承揽建筑安装业工程作业的建筑安装队和个人，以及建筑安装企业实行个人承包后工商登记改变为个体经济性质的，其从事建筑安装业取得的收入应依照个体工商户的生产、经营所得项目计征个人所得税。基于此税法规定，班组长（包工头）从事建筑安装业收入属于"经营所得"税目，不是"劳务报酬所得"税目。

2. 个人所得税的纳税处理：在代开发票环节，征收经营所得个人所得税——按照不含增值税金额的一定比例核定征收个人所得税

国家税务总局2018年公告第61号文件规定，"经营所得"不属于个人所得税的扣缴范围，应该由纳税人自行申报缴纳。目前，大多数地方税务局都在代开发票的环节，征收经营所得个人所得税——按照不含增值税金额的一定比例代征个人所得税。

云南省的规定：《国家税务总局 云南省税务局关于自然人临时从事生产经营核定征收个人所得税事项的公告》（国家税务总局 云南省税务局2020年公告第5号）规定，在云南省行政区域内临时从事生产、经营且未办理营业执照的自然人，申请代开发票时，对其取得的经营所得不能正确计算应纳税所得额的，统一按照开具发票金额（不含增值税）的1%核定征收经营所得个人所得税。

江西省的规定：《关于经营所得核定征收个人所得税等有关问题的公告》（国家税务总局 江西省税务局公告2019年第4号）第五条规定，对未办理税务登记的自然人纳税人，临时从事生产、经营活动取得经营所得（有扣缴义务人的除外）代开增值税发票时，按照开具发票金额（不含增值税）1.3%预征个人所得税。

四川省的规定：《国家税务总局 四川省税务局关于经营所得核定征收等个人所得税有关问题的公告》（国家税务总局 四川省税务局公告2019年第8号）第二条规定，其他从事生产、经营活动的自然人取得经营所得，超过增值税按次纳税起征点需要代开发票的，统一按照开票金额（不含增值税）的1.2%预征个人所得税。

深圳市的规定：《国家税务总局 深圳市税务局关于经营所得核定征收个人所得税有关问题的公告》（国家税务总局深圳市税务局公告2019年第3号）规定，按照开具发票金额（不含增值税）0.8%预征个人所得税。

广西壮族自治区的规定：《国家税务总局 广西壮族自治区税务局公告》（2018年第23号）规定，按照开具发票金额（不含增值税）1.3%预征个人所得税。

福建省泉州市的规定：《国家税务总局 泉州市税务局关于个人所得税核定征收若干问题的公告》（国家税务总局 泉州市税务局公告2018年第9号）第二条规定，对未办理税务登记证，临时从事生产经营的零散税收纳税人，申请代开其他生产经营收入发票的，按应税收入的1.2%征收个人所得税。

（三）纳税处理中碰到的问题

实践中，班组长（包工头）在代开发票时，面临两大问题：

第一，不少地方税务局代开发票时，针对自然人有开具发票金额的限制。例如，有的地方规定一个人只能开具200万元/年，一个月只能开具10万元以下。

第二，不少地方税务局代开发票窗口的工作人员错误地将"经营所得"

税目开成"劳务报酬所得"税目，结果在发票的"备注栏"代开发票系统自动生成"个税由付款方代扣代缴"字样，导致自然人的税费增加。

二、设立临时税务登记证的班组长（包工头）的纳税处理

（一）设立临时税务登记证的税法政策依据

1.《国家税务总局关于税收征管若干事项的公告》的规定

《国家税务总局关于税收征管若干事项的公告》（国家税务总局2019年公告第48号）第二条规定：自2020年3月1日起，从事生产、经营的个人应办而未办营业执照，但发生纳税义务的，可以按规定申请办理临时税务登记。

2.《税务登记管理办法》（2019年修订）的规定

《税务登记管理办法》（2019年修订）第八条第（三）、第（四）和第（五）项规定，以下三种情况应办理临时税务登记：

第一，从事生产、经营的纳税人未办理工商营业执照也未经有关部门批准设立的，应当自纳税义务发生之日起30日内申报办理税务登记，税务机关发放临时税务登记证及副本。

第二，有独立的生产经营权、在财务上独立核算并定期向发包人或者出租人上交承包费或租金的承包承租人，应当自承包承租合同签订之日起30日内，向其承包承租业务发生地税务机关申报办理税务登记，税务机关发放临时税务登记证及副本。

第三，境外企业在中国境内承包建筑、安装、装配、勘探工程和提供劳务的，应当自项目合同或协议签订之日起30日内，向项目所在地税务机关申报办理税务登记，税务机关发放临时税务登记证及副本。

（二）临时税务登记证件的有效期限

《国家税务总局关于完善税务登记管理若干问题的通知》（国税发〔2006〕37号）第五条和第六条规定，承包租赁经营的，办理临时税务登记的期限为承包租赁期；境外企业在中国境内承包建筑、安装、装配、勘探工程和提供劳务的，临时税务登记的期限为合同规定的承包期。对临时税务登记证件到期的纳税户，税务机关经审核后，应当继续办理临时税务登记。

（三）临时税务登记证的办证地点和纳税识别号

1. 临时税务登记证的办证地点

《国家税务总局关于完善税务登记管理若干问题的通知》（国税发〔2006〕37号）第一条第（二）款规定，**税务登记实行属地管理，纳税人应当到生产、经营所在地或者纳税义务发生地的主管税务机关申报办理税务登记。**

2. 临时税务登记证的纳税识别号

《国家税务总局关于完善税务登记管理若干问题的通知》（国税发〔2006〕37号）第二条第（二）款规定，**承包租赁经营的纳税人，应当以承包承租人的名义办理临时税务登记。个人承包租赁经营的，以承包承租人的身份证号码为基础加2位顺序码编制纳税人识别号；企业承包租赁经营的，以行政区域码加组织机构代码为纳税人识别号。**

（四）增值税的纳税处理

第一，设立临时税务登记的班组长（包工头），可以在工程劳务所在地代开增值税专用发票，也可代开增值税普通发票。在代开发票的"备注栏"必须注明建筑劳务所在地的市、县（区）和项目的名称。

第二，设立临时税务登记的班组长（包工头）可以安装税控机和税控盘，自行从工程所在税务局购买发票向建筑企业或劳务公司开具增值税专用发票或增值税普通发票。

第三，设立临时税务登记的班组长（包工头），在自行开具或代开增值税普通发票时，就可以享受小规模纳税人月销售额10万元，季度销售额30万元以下免税政策。如果自行开具或代开增值税专用发票，则不可以享受小规模纳税人月销售额10万元、季度销售额30万元以下的免税政策。

（五）个人所得税的纳税处理

第一，如果设立临时税务登记的班组长（包工头）在工程所在地税务局代开发票时，按照"经营所得"税目，按照不含增值税金额的比例核定征收个人所得税。

第二，如果设立临时税务登记的班组长（包工头）安装税控机和税控盘，自行从工程所在税务局购买发票向建筑企业或劳务公司开具增值税专用发票或增值税普通发票的情况下，则班组长（包工头）必须登录工程所在地税务局所属省税务局网站，自行纳税申报个人所得税。

三、注册个体工商户的班组长（包工头）的纳税处理

（一）增值税的纳税处理

第一，注册个体工商户的班组长（包工头），可以在工程劳务所在地代开增值税发票，也可代开增值税普通发票。在代开发票的"备注栏"必须注明建筑劳务所在地的市、县（区）和项目的名称。

第二，注册个体工商户的班组长（包工头）可以安装税控机和税控盘，自行从工程所在税务局购买发票向建筑企业或劳务公司开具增值税专用发票或增值税普通发票。

第三，注册个体工商户的班组长（包工头），可以享受小规模纳税人月销售额10万元、季度销售额30万元以下的免税政策。

（二）个人所得税的纳税处理

第一，如果注册个体工商户的班组长（包工头）在工程所在地税务局代开发票时，按照"经营所得"税目，按照不含增值税金额的比例核定征收个人所得税。

第二，注册个体工商户的班组长（包工头）安装税控机和税控盘，自行从工程所在税务局购买发票向建筑企业或劳务公司开具增值税专用发票或增值税普通发票的情况下，则班组长（包工头）必须登录工程所在地税务局所属省税务局网站，自行纳税申报个人所得税。

（三）注册个体工商户的班组长（包工头）面临的困难

实践调查发现，如果班组长（包工头）到工程所在地注册个体工商户，面临如下困难：一是有不少当地工商部门（市场监督管理所）以班组长没有建筑劳务资质（其实国家已经取消建筑劳务资质管理，全国有15个省已经发文取消建筑劳务资质）为由而不给予登记注册。二是不少地方税务局要求注册个体工商户必须实施查账征收个人所得税政策。三是不少地方工商部门要求注册个体工商户的，必须提供办公场所。

因此，笔者建议建筑行业中的班组长（包工头）最好是在工程劳务所在地税务局设立临时税务登记证进行处理。

6

"业财税法融合"控税秘籍五：建筑班组长（包工头）设立临时税务登记的纳税管理策略

为了解决建筑行业班组长（包工头）的节税目标，可以通过班组长（包工头）设立临时税务登记依法自行纳税申报增值税、个人所得税的合法渠道。具体的纳税处理分析如下：

一、建筑班组长（包工头）在建筑劳务所在地税务局设立临时税务登记

《国家税务总局关于税收征管若干事项的公告》（国家税务总局公告2019 年第 48 号）第二条规定：从事生产、经营的个人应办而未办营业执照，但发生纳税义务的，可以按规定申请办理临时税务登记。基于此规定，自然人只要从事生产、经营活动，即使是临时经营，也可以申请办理临时税务登记证，采取按期纳税的申报方式，充分享受财税〔2019〕13 号第一条免税增值税的优惠政策：月销售额 10 万元以下（含本数）的增值税小规模纳税人，免缴增值税。当然，在办理临时税务登记证后，需严格遵守纳税申报的相关管理规定，按期、如实进行申报。

二、增值税的申报处理

（一）设立临时税务登记的班组长（包工头）月销售额 10 万元以下（含本数）的增值税小规模纳税人，免缴增值税

《财政部 税务总局关于统一增值税小规模纳税人标准的通知》（财税〔2018〕33 号）第一条规定，增值税小规模纳税人标准为年应征增值税销售额 500 万元及以下。《财政部 税务总局关于实施小微企业普惠性税收减免政策的通知》（财税〔2019〕13 号）第一条规定，2019 年 1 月 1 日至 2021年 12 月 31 日，月销售额 10 万元以下（含本数）的增值税小规模纳税人，免缴增值税。

由于增值税有按期纳税和按次纳税两种申报方式，财税〔2019〕13 号的适用主体，为月销售额 10 万元以下的纳税人，即适用该优惠的主体只能为按期纳税的小规模纳税人。实务中，大部分发生经营行为的自然人，未办理过营业执照和税务登记，只能按次申报增值税。这种情况下，自然人纳税人应税收入每次不超过 500 元起征点的，免缴增值税，应税收入超过 500 元的，则需全额计算、缴纳增值税，无法享受财税〔2019〕13 号第一条免缴

增值税的优惠规定。

（二）设立临时税务登记的班组长（包工头）依法在建筑劳务所在地税务局代开增值税专用发票或普通发票

《税务机关代开增值税专用发票管理办法（试行）》（国税发〔2004〕153号）第二条规定："本办法所称代开专用发票是指主管税务机关为所辖范围内的增值税纳税人代开专用发票，其他单位和个人不得代开。"第五条规定："本办法所称增值税纳税人是指已办理税务登记的小规模纳税人（包括个体经营者）以及国家税务总局确定的其他可予代开增值税专用发票的纳税人。"基于此，个人可以到税务机关申请代开普通发票，但是不能代开增值税专用发票。

根据《税务登记管理办法》（国家税务总局令第36号）第四条第一款的规定："税务登记证件包括税务登记证及其副本、临时税务登记证及其副本。"因此，如果个人办理了临时税务登记，就符合了代开增值税专用发票的条件，也就解决了个人无法代开增值税专用发票的难题。需要注意的是，如果代开了增值税专用发票，代开专用发票的这部分金额是不能享受免增值税政策的。

三、个人所得税的申报处理

（一）建筑班组长（包工头）设立临时登记从事生产、经营活动经营所得的税法定性

《中华人民共和国个人所得税法实施条例》（中华人民共和国国务院令第707号）第六条第（五）项和《国家税务总局关于个人所得税自行纳税申报有关问题的公告》（国家税务总局公告2018年第62号）第二条规定，个体工商户业主、个人独资企业投资者、合伙企业个人合伙人、承包承租经营者个人以及其他从事生产、经营活动的个人取得的"经营所得"是指以下五项所得：①个体工商户从事生产、经营活动取得的所得；②个人独资企业投资人、合伙企业的个人合伙人来源于境内注册的个人独资企业、合伙企业生产、经营的所得；③个人依法从事办学、医疗、咨询以及其他有偿服务活动取得的所得；④个人对企业、事业单位承包经营、承租经营以及转包、转租取得的所得；⑤个人从事其他生产、经营活动取得的所得。基于此规定，

建筑班组长（包工头）设立临时登记从事生产、经营活动取得的所得属于"经营所得"。

（二）建筑班组长（包工头）设立临时登记从事生产、经营活动经营所得的个税申报制度

《个人所得税扣缴申报管理办法（试行）》（国家税务总局公告 2018 年第 61 号）第四条规定，**实行个人所得税全员全额扣缴申报的应税所得包括：（一）工资、薪金所得；（二）劳务报酬所得；（三）稿酬所得；（四）特许权使用费所得；（五）利息、股息、红利所得；（六）财产租赁所得；（七）财产转让所得；（八）偶然所得**。基于以上税法规定，建筑班组长（包工头）设立临时登记从事生产、经营活动取得的所得不属于"个税代扣代缴"的范围，必须由取得"经营所得"的班组长（包工头）个人自行进行纳税申报。

（三）建筑班组长（包工头）经营所得的个税自行纳税申报方法

1. 核定征收建筑班组长（包工头）经营所得个税适用的税率

《中华人民共和国个人所得税法实施条例》（中华人民共和国国务院令第 707 号）第十五条第三款规定："**从事生产、经营活动，未提供完整、准确的纳税资料，不能正确计算应纳税所得额的，由主管税务机关核定应纳税所得额或者应纳税额。**"基于此税法规定，为了助力民营经济的发展，减少税务征管成本，全国税务机关，根据各省的实际情况，都会制定本省的"经营所得核定征收个人所得税"的税收政策。具体如下：

（1）广西壮族自治区的规定：《国家税务总局广西壮族自治区税务局关于经营所得核定征收个人所得税有关事项的公告》（国家税务总局广西壮族自治区税务局公告 2018 年第 23 号）。

（2）内蒙古自治区的规定：《国家税务总局内蒙古自治区税务局关于核定征收个人所得税有关问题的公告》（国家税务总局内蒙古自治区税务局公告 2018 年第 19 号）。

（3）吉林省的规定：《国家税务总局吉林省税务局关于经营所得项目个人所得税核定征收有关问题的公告》（国家税务总局吉林省税务局公告 2019 年第 1 号）。

（4）江西省的规定：《国家税务总局江西省税务局关于经营所得核定征收个人所得税等有关问题的公告》（国家税务总局江西省税务局公告 2019 年第 4 号）。

（5）深圳市的规定：《国家税务总局深圳市税务局关于经营所得核定征收个人所得税有关问题的公告》（国家税务总局深圳市税务局公告2019年第3号）。

（6）云南省的规定：《国家税务总局云南省税务局关于经营所得个人所得税核定征收有关事项的公告》（国家税务总局云南省税务局公告2019年第2号）。

（7）天津市的规定：《国家税务总局天津市税务局关于核定经营所得核定征收个人所得税有关问题的公告》（国家税务总局天津市税务局公告2018年第30号）。

（8）甘肃省的规定：《国家税务总局甘肃省税务局关于个人所得税经营所得项目核定征收有关问题的公告》（国家税务总局甘肃省税务局公告2018年第12号）。

（9）贵州省的规定：《国家税务总局贵州省税务局关于经营所得个人所得税核定征收有关问题的公告》（国家税务总局贵州省税务局公告2018年第42号）。

（10）宁夏回族自治区的规定：《国家税务总局宁夏回族自治区税务局关于经营所得核定征收个人所得税有关事项的公告》（国家税务总局宁夏回族自治区税务局公告2019年第6号）。

（11）大连市的规定：《国家税务总局大连市税务局关于调整核定征收经营所得个人所得税征收问题的公告》（国家税务总局大连市税务局公告2019年第1号）。

（12）湖北省的规定：《国家税务总局湖北省税务局关于调整建筑安装业核定征收个人所得税附征率的公告》（国家税务总局湖北省税务局公告2018年第10号）。

（13）四川省的规定：《国家税务总局四川省税务局关于经营所得核定征收等个人所得税有关问题的公告》（国家税务总局四川省税务局2019年公告第8号）。

（14）海南省的规定：《国家税务总局海南省税务局关于经营所得核定征收个人所得税有关问题的公告》（国家税务总局海南省税务局公告2018年第15号）。

（15）黑龙江省的规定：《国家税务总局黑龙江省税务局关于经营所得核定征收个人所得税有关问题的公告》（国家税务总局黑龙江省税务局公告2019年第3号）。

（16）长沙市的规定：《国家税务总局长沙市税务局关于调整个人所得税经营所得项目核定征收率有关问题的公告》（国家税务总局长沙市税务局公告 2018 年第 6 号）。

综合以上地方和国家的税收政策规定，建筑班组长（包工头）个税的计算方法有两种：

第一种：如果建筑班组长（包工头）承包经营建筑劳务，向发包人上交管理费用，承担所有的费用、税金，剩下的承包经营所得归承包人班组长（包工头）所有，则按照工程所在地省税务局文件的规定，承包经营所得采用核定应税所得率方式征收个人所得税。应纳税额计算公式：

应纳个人所得税的所得额=应税收入×应税所得率

应纳个人所得税额=应纳个人所得税的所得额×经营所得 5 级累进税率

第二种：设立临时税务登记的建筑班组长（包工头）到工程所在地税务局代开发票，则按照工程所在地省税务局文件的规定，计算经营所得个税有以下两种方法，具体采用哪种方法应以省税务局文件的规定为准。

一是按照不含增值税金额的开具发票金额乘以省税务局文件规定的应税所得率计算应纳个人所得税的所得额，然后按照"应纳个人所得税额=应纳个人所得税的所得额×经营所得 5 级累进税率"计算经营所得的个人所得税。

二是按照不含增值税金额的开具发票金额乘以省税务局文件规定的个税附征率计算个人所得税。

2. 按核定征收办理纳税申报的，都按年计算个税，按月或季预缴个税，并报送《个人所得税经营所得纳税申报表（A 表）》

根据《国家税务总局关于个人所得税自行纳税申报有关问题的公告》（国家税务总局公告 2018 年第 62 号）第二条、《国家税务总局关于修订个人所得税申报表的公告》（国家税务总局公告 2019 年第 7 号），个体工商户业主、个人独资企业投资者、合伙企业个人合伙人、承包承租经营者个人以及其他从事生产、经营活动的个人取得经营所得，按年计算个人所得税，由纳税人在月度或季度终了后 15 日内，向经营管理所在地主管税务机关办理预缴纳税申报，其中按查账征收办理预缴纳税申报，或者按核定征收办理纳税申报的报送《个人所得税经营所得纳税申报表（A 表）》。

3. 核定征收"经营所得"个税的不需要进行个税的汇算清缴

"经营所得"的个税汇算清缴必须满足的条件：实施查账征收并在中国境内取得"经营所得"的个体工商户业主、个人独资企业投资者、合伙企业个人合伙人、承包承租经营者个人以及其他从事生产、经营活动的个人。

《国家税务总局关于修订个人所得税申报表的公告》（国家税务总局公告 2019 年第 7 号）规定，只有实施查账征收的个体工商户业主、个人独资企业投资者、合伙企业个人合伙人、承包承租经营者个人以及其他从事生产、经营活动的个人在中国境内取得经营所得的情况下，才要进行个税的汇算清缴。基于此规定，设立临时税务登记的班组长（包工头）取得的生产、经营所得不需要进行个税汇算清缴。

4. 核定征收"经营所得"个税的班组长（包工头）没有资格享受计算个税时扣除专项附加扣除费用

《中华人民共和国个人所得税法实施条例》（中华人民共和国国务院令第 707 号）第十五条第二款规定："**取得经营所得的个人，没有综合所得的，计算其每一纳税年度的应纳税所得额时，应当减除费用 6 万元、专项扣除、专项附加扣除以及依法确定的其他扣除。专项附加扣除在办理汇算清缴时减除。**"但《国家税务总局关于修订个人所得税申报表的公告》（国家税务总局公告 2019 年第 7 号）关于《个人所得税经营所得纳税申报表（A 表）》填表说明规定，只有在中国境内取得经营所得并实施查账征收的个体工商户业主、个人独资企业投资者、合伙企业个人合伙人、承包承租经营者个人以及其他从事生产、经营活动的个人，才有资格享受以下税收政策待遇：在计算每一纳税年度的应纳税所得额时，应当减除费用 6 万元、专项扣除、专项附加扣除以及依法确定的其他扣除。实施核定定额征收和核定应税所得率征收的个体工商户业主、个人独资企业投资者、合伙企业个人合伙人、承包承租经营者个人以及其他从事生产、经营活动的个人，在计算每一纳税年度的应纳税所得额时，不可以减除费用 6 万元、专项扣除、专项附加扣除以及依法确定的其他扣除。

因此，核定征收"经营所得"个税的班组长（包工头）在计算每一纳税年度的应纳税所得额时，不可以减除费用 6 万元、专项扣除、专项附加扣除以及依法确定的其他扣除。

5. 取得两处以上的生产、经营所得的班组长（包工头）季度申报个税应填报《个人所得税经营所得纳税申报表（C 表）》

《国家税务总局关于个人所得税自行纳税申报有关问题的公告》（国家税务总局公告 2018 年第 62 号）第二条、《国家税务总局关于修订个人所得税申报表的公告》（国家税务总局公告 2019 年第 7 号）规定，从两处以上取得经营所得的，选择向其中一处经营管理所在地主管税务机关办理年度汇总申报，并报送《个人所得税经营所得纳税申报表（C 表）》。

6. 班组长（包工头）取得经营所得办理汇算清缴的时间和纳税申报地点

《中华人民共和国个人所得税法》（中华人民共和国主席令第 9 号）第十二条和《国家税务总局关于个人所得税自行纳税申报有关问题的公告》（国家税务总局公告 2018 年第 62 号）第二条规定，班组长（包工头）（纳税人）取得经营所得，按年计算个人所得税，由纳税人在月度或者季度终了后十五日内向项目经营所在地主管税务机关办理预缴纳税申报。

7

"业财税法融合"控税秘籍六：建筑劳务公司扣除班组长（包工头）专业作业劳务分包款差额征收增值税的纳税管理策略

当前，在建筑劳务行业中，往往存在建筑劳务公司与班组长签订专业作业劳务分包合同，班组长在工程劳务所在地税务局代开发票给劳务公司，劳务公司是否能享受差额征收增值税问题一直困扰着不少地方税务局的执法干部。笔者梳理现有的建筑行业分包业务中的国家税法政策规定，结合实际操作业务分析，得出结论：建筑劳务公司与班组长签订专业作业劳务分包合同，可以享受差额征收增值税的政策规定。

一、建筑劳务公司扣除班组长（包工头）分包款差额征收增值税的税法剖析

（一）发包方与分包方之间差额征收增值税与抵扣增值税的区别

发包方与分包方之间差额征收增值税与抵扣增值税的区别主要体现为：发包方与分包方抵扣增值税制度是专门应用于发包方选择一般计税方法计征增值税的发包方与分包方之间的增值税申报制度，而发包方与分包方之间差额征收增值税制度是专门应用于发包方选择简易计税方法计征增值税的发包方与分包方之间的增值税申报制度。发包方与分包方之间差额征收增值税是指选择简易计税方法的发包方，在发生分包的情况下，为了规避发包方重复缴纳增值税而选择的一种增值税征收方法。

（二）差额征收增值税的税法依据

《纳税人跨县（市、区）提供建筑服务增值税征收管理暂行办法》（国家税务总局公告 2016 年第 17 号）第三条　纳税人跨县（市、区）提供建筑服务，应按照财税〔2016〕36 号文件规定的纳税义务发生时间和计税方法，向建筑服务发生地主管国税机关预缴税款，向机构所在地主管国税机关申报纳税。第四条　纳税人跨县（市、区）提供建筑服务，按照以下规定预缴税款：

（一）一般纳税人跨县（市、区）提供建筑服务，适用一般计税方法计税的，以取得的全部价款和价外费用扣除支付的分包款后的余额，按照 2% 的预征率计算应预缴税款。

（二）一般纳税人跨县（市、区）提供建筑服务，选择适用简易计税方法计税的，以取得的全部价款和价外费用扣除支付的分包款后的余额，按照 3% 的征收率计算应预缴税款。

（三）小规模纳税人跨县（市、区）提供建筑服务，以取得的全部价款

和价外费用扣除支付的分包款后的余额，按照 3% 的征收率计算应预缴税款。

(三) 差额征收增值税的税法依据剖析

1. "跨县 (市、区) 提供建筑服务" 的税法界定

第一，"跨县 (市、区) 提供建筑服务" 的主体是一般纳税和小规模纳税人的单位和个体工商户。

国家税务总局公告 2016 年第 17 号第二条规定：本办法所称跨县 (市、区) 提供建筑服务，是指单位和个体工商户 (以下简称纳税人) 在其机构所在地以外的县 (市、区) 提供建筑服务。财税〔2016〕36 号文件附件 1《营业税改征增值税试点实施办法》第三条　纳税人分为一般纳税人和小规模纳税人。基于此税法规定，适用国家税务总局公告 2016 年第 17 号的纳税人是单位和个体工商户，不包括其他个人。

第二，"建筑服务" 的税法界定：工程服务、安装服务、修缮服务、装饰服务和其他建筑服务。

财税〔2016〕36 号文件附件 1《销售服务、无形资产、不动产注释》规定，建筑服务，是指各类建筑物、构筑物及其附属设施的建造、修缮、装饰，线路、管道、设备、设施等的安装以及其他工程作业的业务活动。包括工程服务、安装服务、修缮服务、装饰服务和其他建筑服务。其他建筑服务，是指上列工程作业 (工程服务、安装服务、装饰服务、修缮服务) 之外的各种工程作业服务，如钻井 (打井)、拆除建筑物或者构筑物、平整土地、园林绿化、疏浚 (不包括航道疏浚)、建筑物平移、搭脚手架、爆破、矿山穿孔、表面附着物 (包括岩层、土层、沙层等) 剥离和清理等工程作业。

2. 自然人或建筑行业的班组长属于小规模纳税人的，按照小规模纳税人身份缴纳增值税

《财政部　税务总局关于统一增值税小规模纳税人标准的通知》(财税〔2018〕33 号) 第一条规定，增值税小规模纳税人标准为年应征增值税销售额 500 万元及以下。基于此规定，一般纳税人标准是年应征增值税销售额 500 万以上 (不含 500 万元)。

《中华人民共和国增值税暂行条例》第一条　在中华人民共和国境内销售货物或者加工、修理修配劳务 (以下简称劳务)，销售服务、无形资产、不动产以及进口货物的单位和个人，为增值税的纳税人，应当依照本条例缴纳增值税。财税〔2016〕36 号文件附件 1《营业税改征增值税试点实施办

法》第一条 在中华人民共和国境内（以下称境内）销售服务、无形资产
或者不动产（以下称应税行为）的单位和个人，为增值税纳税人，应当按照
本办法缴纳增值税。

《中华人民共和国增值税暂行条例实施细则》第九条第二款第一条 所
称个人是指个体工商户和其他个人。第二十九条 年应税销售额超过小规模
纳税人标准的其他个人按小规模纳税人纳税。第三十条 小规模纳税人的销
售额不包括其应纳税额。

小规模纳税人销售货物或者应税劳务采用销售额和应纳税额合并定价方
法的，按下列公式计算销售额：

销售额＝含税销售额÷（1＋征收率）

基于以上税法规定，建筑行业中的自然人班组长是增值税纳税义务人中
的"其他个人"的身份，无论其在一年中发生的销售建筑劳务服务的销售额
是否超过 500 万元（不含增值税金额），都按照小规模纳税人缴纳增值税。

**3. 建筑行业中的自然人班组长不在工程劳务所在地税务局预缴增值
税，但必须在工程劳务所在地税务局缴纳增值税**

《中华人民共和国增值税暂行条例》第二十二条第（三）项规定，非固
定业户销售货物或者劳务，应当向销售地或者劳务发生地的主管税务机关申
报纳税。

国家税务总局公告 2016 年第 17 号第二条第二款规定："其他个人跨县
（市、区）提供建筑服务，不适用本办法。"基于此税法规定，建筑行业中
的自然人班组长不需要在工程劳务所在地税务局预缴增值税，但必须在工程
劳务所在地税务局缴纳增值税。

**4. 建筑行业中的自然人班组长如何在工程劳务所在地税务局缴纳增
值税**

《增值税发票开具指南》"代开发票种类"规定：需要临时使用发票的
单位和个人，可以向经营地税务机关申请代开发票。"开票方和开票内容"
规定：销售商品、提供服务以及从事其他经营活动的单位和个人，对外发生
经营业务收取款项，收款方应当向付款方并具发票。

《财政部 税务总局关于支持个体工商户复工复业增值税政策的公告》
（财政部 税务总局公告 2020 年第 13 号）规定，除湖北省外，其他省、自
治区、直辖市的增值税小规模纳税人，适用 3% 征收率的应税销售收入，减
按 1% 征收率征收增值税。《关于延长小规模纳税人减免增值税政策执行期限
的公告》（财政部 税务总局公告 2020 年第 24 号）规定，小规模纳税人税

收优惠政策实施期限延长到2020年12月31日。同时，国家税务总局增值税申报系统的报税设计更新软件明确，小规模纳税人税收优惠政策实施期限延长到2021年12月31日。

基于以上税法政策规定，建筑行业中的班组长在工程劳务所在地税务局继续享受按照1%征收率代开发票缴纳增值税。

(四) 分析结论

通过以上税收政策剖析，可以得出以下结论：

第一，适合扣除分包款差额征收增值税的主体是：选择简易计征增值税的发包方（包括建筑总承包方、专用承包方、专业分包方和劳务公司）跨县（市、区）提供建筑服务且发生分包行为。

第二，建筑行业的自然人班组长在工程劳务所在地税务局申报缴纳增值税，但不预缴增值税。

第三，建筑行业的自然人班组长在工程劳务所在地税务局按照1%的税收优惠税率、3%的征收率代开增值税普通发票给劳务公司，在工程劳务所在地税务局缴纳增值税及其附加税和按照不含增值税金额的一定比例代征个人所得税（各省税务局规定的比例不一样，如广西、江西、海南、内蒙古是1.3%，云南是1%）。

第四，作为增值税纳税人（无论是一般纳税人还是小规模纳税人）的建筑劳务公司（选择简易计税计征增值税），跨县（市、区）提供建筑服务，只要与自然人班组长（税法上称为"其他个人"）发生专业作业劳务分包合同，依据《纳税人跨县（市、区）提供建筑服务增值税征收管理暂行办法》（国家税务总局公告2016年第17号）第四条，以其从上游发包方取得的全部价款和价外费用扣除支付给自然人班组长的专业作业建筑劳务分包款后的余额，按照3%的征收率计算应预缴税款。

二、建筑行业中的发包方扣除分包款差额征收增值税的纳税管理

(一) 适合建筑企业或劳务公司扣除分包款差额征收增值税必须同时具备的四个条件

第一，享受差额征收增值税的合法民事主体：跨县（市、区）提供建筑服务的建筑企业或劳务公司（无论是一般纳税人还是小规模纳税人），包括

建筑总承包方、专用承包方、专业分包方和劳务公司。

第二，合法民事主体必须选择简易计税计征增值税：跨县（市、区）提供建筑服务的建筑总承包方、专用承包方、专业分包方和劳务公司必须选择简易计税方法，按照3%征收率征收增值税。

第三，合法民事主体发生合法的分包行为：跨县（市、区）提供建筑服务的建筑总承包方、专用承包方、专业分包方和劳务公司发生合法的建筑分包或劳务分包行为。

第四，发包方必须向分包方支付分包款，而且必须向分包方索取符合法律、行政法规和国家税务总局规定的合法有效凭证。

根据国家税务总局公告2016年第17号第六条第（二）项的规定，分包方必须向发包方开具增值税发票的"备注栏"上注明"建筑服务发生地所在县（市、区）、项目名称"的增值税发票。

（二）建筑劳务公司扣除班组长（包工头）分包款差额征收增值税必须同时具备的五个条件

第一，建筑劳务公司选择简易计税方法，按照3%征收率计征增值税，向上游建筑总承包方、建筑专业承包方、建筑专业分包方开具3%的增值税专用或普通发票。

第二，建筑劳务公司与班组长就某一工种签订了专业作业劳务分包合同。

第三，建筑劳务公司与班组长双方负责人签字盖章的专业作业劳务款决算书和专业作业劳务工程量计算确认单。

第四，班组长在工程劳务款所在地税务局，必须按照"其他个人从事生产经营所得"而不是按照"劳务报酬所得"税目代开增值税普通发票给建筑劳务公司。

第五，班组长在工程劳务款所在地税务局代开的增值税普通发票，必须在增值税普通发票的"备注栏"注明"建筑服务发生地所在县（市、区）、项目名称"。

（三）发包方与分包方之间扣除分包款差额征收增值税的纳税方法

《国家税务总局关于进一步明确营改增有关征管问题的公告》（国家税务总局公告2017年第11号）第三条 纳税人在同一地级行政区范围内跨县（市、区）提供建筑服务，不适用《纳税人跨县（市、区）提供建筑服务增值税征收管理暂行办法》（国家税务总局公告 2016 年第 17 号印发）。《财政部　税务总局关于建筑服务等营改增试点政策的通知》（财税〔2017〕58号）第三条　**纳税人提供建筑服务取得预收款，应在收到预收款时，以取得的预收款扣除支付的分包款后的余额，适用一般计税方法计税的项目，按照2%的预征率预缴增值税，适用简易计税方法计税的项目，按照3%的预征率预缴增值税。**按照现行规定应在建筑服务发生地预缴增值税的项目，纳税人收到预收款时在建筑服务发生地预缴增值税。按照现行规定无须在建筑服务发生地预缴增值税的项目，纳税人收到预收款时在机构所在地预缴增值税。

根据以上税收政策的规定，发包方与分包方之间扣除分包款差额征收增值税的纳税方法：

第一，一般纳税人和小规模纳税人的建筑企业总承包方、建筑企业专业承包方、建筑企业专业分包方和劳务公司在不同的地级行政区范围内（不同的省、地级市）跨县（市、区）提供建筑服务，且发生分包行为时，建筑企业总承包方、建筑企业专业承包方、建筑企业专业分包方和劳务公司应在收到预收款时，以取得的预收款扣除支付的分包款后的余额，适用一般计税方法计税的项目，按照2%的预征率在建筑劳务发生地税务部门预缴增值税，适用简易计税方法计税的项目，按照3%的预征率在建筑劳务发生地税务部门预缴增值税。

第二，一般纳税人和小规模纳税人的建筑企业总承包方、建筑企业专业承包方、建筑企业专业分包方和劳务公司在同一地级行政区范围内跨县（市、区）提供建筑服务，且发生分包行为时，建筑企业总承包方、建筑企业专业承包方、建筑企业专业分包方和劳务公司应在收到预收款时，以取得的预收款扣除支付的分包款后的余额，适用一般计税方法计税的项目，按照2%的预征率在机构所在地税务部门预缴增值税，适用简易计税方法计税的项目，按照3%的预征率在机构所在地税务部门预缴增值税。

第三，简易计税方法计税的建筑总承包方、专用承包方、专业分包方和劳务公司发生分包业务时，在建筑总承包方、专用承包方、专业分包方和劳务公司机构所在地税务局差额申报增值税。由于简易计税的建筑总承包方、专用承包方、专业分包方和劳务公司在建筑服务所在地税务局按照3%的税率差额预交了增值税，所以简易计税方法计税的建筑总承包方、专用承包方、专业分包方和劳务公司发生分包业务时，在建筑总承包方、专用承包方、专业分包方和劳务公司机构所在地税务局实质上零申报增值税。

第四，发包方与分包方之间差额预缴增值税应提供的法律资料。国家税务总局公告 2016 年第 53 号第八条和《国家税务总局关于全面推开营业税改征增值税试点有关税收征收管理事项的公告》（国家税务总局公告 2016 年第 23 号）第四条第（三）项规定，**建筑企业总承包方跨县（市、区）提供建筑服务，在向建筑服务发生地主管国税机关预缴税款时，需填报《增值税预缴税款表》，并出示以下资料：**

（1）与发包方签订的建筑合同复印件（加盖纳税人公章）；

（2）与分包方签订的分包合同复印件（加盖纳税人公章）；

（3）从分包方取得的发票复印件（加盖纳税人公章）。

第五，差额扣除分包款计征增值税的"分包款的范围"。《国家税务总局关于国内旅客运输服务进项税抵扣等增值税征管问题的公告》（国家税务总局公告 2019 年第 31 号）第七条规定，发包方与分包方之间差额扣除分包款计征增值税的"分包款的范围"是指发包方支付给分包方的全部价款和价外费用。

1. 价外费用的范围

《中华人民共和国增值税暂行条例实施细则》（财政部　国家税务总局第 50 号令）第十二条规定，价外费用包括价外向购买方收取的手续费、补贴、基金、集资费、返还利润、奖励费、违约金、滞纳金、延期付款利息、赔偿金、代收款项、代垫款项、包装费、包装物租金、储备费、优质费、运输装卸费以及其他各种性质的价外收费。但下列项目不包括在内：

（一）受托加工应征消费税的消费品所代收代缴的消费税。

（二）同时符合以下条件的代垫运输费用：①承运部门的运输费用发票开具给购买方的；②纳税人将该项发票转交给购买方的。

（三）同时符合以下条件代为收取的政府性基金或者行政事业性收费：①由国务院或者财政部批准设立的政府性基金，由国务院或者省级人民政府及其财政、价格主管部门批准设立的行政事业性收费；②收取时开具省级以上财政部门印制的财政票据；③所收款项全额上缴财政。

（四）销售货物的同时代办保险等而向购买方收取的保险费，以及向购买方收取的代购头方缴纳的车辆购置税、车辆牌照费。

2. "全部价款"的范围

"全部价款"包括发包方向分包方支付的分包工程所发生的材料款、建筑服务款和给予分包方的索赔结算收入、工程变更结算收入、材料价款调整结算收入。特别要提醒的是发包方向分包方支付的分包工程所发生的材料款。

《国家税务总局关于进一步明确营改增有关征管问题的公告》（国家税

务总局公告 2017 年第 11 号）第一条规定，销售活动板房、机器设备、钢结构件等自产货物的同时提供建筑、安装服务，不属于《营业税改征增值税试点实施办法》（财税〔2016〕36 号文件印发）第四十条规定的混合销售，应分别核算货物和建筑服务的销售额，分别适用不同的税率或者征收率。因此，根据此规定，如果分包方与发包方签订了包工包料的分包合同，而且分包方在工程中所用的材料是分包人自己生产加工的情况下，则分包方向发包方开具一张 13% 税率的增值税材料发票，一张 9% 税率的建筑服务业的增值税发票。根据国家税务总局公告 2016 年第 53 号第八条的规定，发包方与分包方之间差额预交增值税时，必须满足的条件是：发包方从分包方取得的发票复印件（加盖纳税人公章），该文件中只强调分包方发票复印件，而没有具体强调材料发票和建筑服务业发票。因此，分包方给发包方开具的材料发票和建筑服务业发票，发包方都可以扣除支付给分包方的材料款和服务款，实行差额预交增值税。

（四）建筑劳务公司扣除班组长（包工头）分包款差额征收增值税的纳税方法

1. 差额征收增值税方法

第一，差额预缴增值税和差额申报增值税的方法。

选择简易计税方法计征增值税的建筑劳务公司在其机构所在地税务局差额申报增值税。由于简易计税的建筑劳务公司在建筑服务所在地税务局按照 3% 的税率差额预交了增值税，所以简易计税方法计税的建筑劳务公司机构所在地税务局实质上零申报增值税。

第二，建筑劳务公司在工程劳务所在地税务局差额预缴增值税时，填写"增值税预缴税款表"，如图 66 所示。

增值税预缴税款表的填写方法如下：

（1）"销售额"填写纳税人跨县（市、区）提供建筑服务，以取得的全部价款和价外费用（含增值税金额）。

（2）"扣除金额"填写纳税人跨县（市、区）提供建筑服务项目，按照规定准予从取得的全部价款和价外费用扣除的金额（含增值税）。

（3）"预征率"填写纳税人跨县（市、区）提供建筑服务项目对应的征收率或预征率，一般计税项目 2%，简易计税项目 3%。

（4）"预征税额"填写依据现有的增值税税率规定，简易计税项目填写（销售额−扣除额）÷(1+3%)×3%，一般计税项目填写（销售额−扣除额）÷(1+9%)×2%。

增值税预缴税款表

税款所属时间：　　年　月　日至　　年　月　日

纳税人识别号：☐☐☐☐☐☐☐☐☐☐☐☐☐☐☐☐☐☐☐☐　　是否适用一般计税方法　是 ☐　否 ☐

纳税人名称：（公章）　　　　　　　　　　　　　　　　金额单位：元（列至角分）

项目编号			项目名称		
项目地址					
预征项目和栏次		销售额	扣除金额	预征率	预征税额
		1	2	3	4
建筑服务	1				
销售不动产	2				
出租不动产	3				
	4				
	5				
合计	6				
授权声明	如果你已委托代理人填报，请填写下列资料： 　　为代理一切税务事宜，现授权　　（地址）　　　　为本次纳税人的代理填报人，任何与本表有关的往来文件，都可寄予此人。 授权人签字：		填表人申明	以上内容是真实的、可靠的、完整的。 纳税人签字：	

图 66

2. 建筑劳务公司与班组长差额征收增值税应提供的法律资料

国家税务总局公告 2016 年第 53 号第八条和《国家税务总局关于全面推开营业税改征增值税试点有关税收征收管理事项的公告》（国家税务总局公告 2016 年第 23 号）第四条第（三）项规定，**建筑劳务公司跨县（市、区）提供建筑服务，在向建筑服务发生地主管国税机关预缴税款时，需填报《增值税预缴税款表》**，并出示以下资料：

（1）《增值税预缴税款表》；

（2）与发包方签订的建筑合同复印件（加盖纳税人公章）；

（3）与班组长签订的专业作业劳务分包合同复印件（加盖纳税人公章）；

（4）从班组长取得的在工程劳务所在地税务局代开的增值税普通发票复印件（加盖纳税人公章）。

（五）建筑劳务公司扣除班组长（包工头）分包款差额征收增值税的财务处理和差额预缴增值税及差额申报增值税的处理

1. 会计核算依据

财政部关于印发《增值税会计处理规定》的通知（财会〔2016〕22 号）。

（1）二级科目"简易计税"明细科目，核算一般纳税人采用简易计税方法发生的增值税计提、扣减、预缴、缴纳等业务。

（2）企业发生相关成本费用允许扣减销售额的账务处理。按现行增值税制度规定企业发生相关成本费用允许扣减销售额的，发生成本费用时，按应付或实际支付的金额，借记"主营业务成本""存货""工程施工"等科目，贷记"应付账款""应付票据""银行存款"等科目。待取得合规增值税扣税凭证且纳税义务发生时，按照允许抵扣的税额，借记"应交税费——应交增值税（销项税额抵减）"或"应交税费——简易计税"科目（小规模纳税人应借记"应交税费——应交增值税"科目），贷记"主营业务成本""存货""工程施工"等科目。二级科目"预交增值税"科目核算一般纳税人转让不动产、提供不动产经营租赁服务、提供建筑服务、采用预收款方式销售自行开发的房地产项目等，按现行增值税制度规定应预缴的增值税税额。

企业预缴增值税时：

借：应交税费——预交增值税

　　贷：银行存款

月末企业将"预交增值税"明细科目余额转入"未交增值税"明细科目。

借：应交税费——未交增值税

　　贷：应交税费——预交增值税

案例分析

甲建筑劳务分包有限公司扣除班组长分包款差额征收增值税的财务处理和差额预缴增值税和差额申报增值税的处理

一、情况介绍

甲建筑劳务分包有限公司承包了广西柳州钢铁集团有限公司镍铁冶炼项目烧结系统烧结工程的劳务分包工程，合同值为 1000 万元（含增值税）的工程项目，并把其中 300 万元（含增值税）的专业作业劳务项目分包给班组长李明。甲建筑劳务分包有限公司选择简易计税计征增值税，向上游的发包方开具 3% 的增值税专用发票，班组长李明到工程劳务所在地按照 1% 代开增值税发票，甲建筑劳务分包有限公司完成工程劳务累计发生合同成本 500 万元。请分析如何进行会计核算，以及如何进行纳税申报和增值税发票的开具。

二、会计核算

（一）甲建筑劳务分包有限公司的会计处理

完成合同成本：

借：合同履约承包——合同成本　　　　　　　　　　　　　　　　500

　　贷：原材料等　　　　　　　　　　　　　　　　　　　　　　500

向上游发包方全额开具1000万元税率为3%的增值税专用发票，并收到
工程劳务总承包款1000万元时的会计核算：

借：银行存款　　　　　　　　　　　　　　　　　　　　　　1000

　　贷：合同结算——价款结算　　　　　　　　　　　　　　970.87

　　　　应交税费——简易计税　　　　　　$29.13[1000\div(1+3\%)\times3\%]$

专业作业劳务分包款结算：

借：合同履约成本——专业作业劳务分包成本

　　　　　　　　　　$300\{300\div(1+1\%)+[300\div(1+1\%)\times1\%]\}$

　　贷：应付账款——乙公司　　　　　　　　　　　　　　　300

全额支付班组长专业作业劳务分包工程款并取得班组长在工程所在地代
开的增值税普通发票时：

借：应付账款——班组长李明

　　　　　　300（含班组长代开增值税时缴纳的增值税）

　　贷：银行存款　　　　　　　　　　　　　　　　　　　　300

同时：

借：应交税费——简易计税　　　　　　$8.74[300\div(1+3\%)\times3\%]$

　　贷：合同履约成本——专业作业劳务分包成本

　　　　　　　　　　$2.97[300\div(1+1\%)\times1\%]$

　　　　营业外收入——多差额抵扣班组长的增值税额

　　　　　　　　　　$5.77[300\div(1+3\%)\times3\%-300\div(1+1\%)\times1\%]$

甲建筑劳务分包有限公司在工程劳务所在地税务局差额预缴增值税款＝
$(1000-300)\div(1+3\%)\times3\%=29.13-8.74=20.39$的会计核算：

借：应交税费——预交增值税

　　　　　　$20.39[(1000-300)\div(1+3\%)\times3\%]$

　　贷：银行存款　　　　　　　　　　　　　　　　　　　20.39

甲建筑劳务分包有限公司月末将"预交增值税"明细科目余额转入"未
交增值税"明细科目的会计核算：

借：应交税费——未交增值税

$$20.39[(1000-300)\div(1+3\%)\times3\%]$$

贷：应交税费——预交增值税

$$20.39[(1000-300)\div(1+3\%)\times3\%]$$

甲建筑劳务分包有限公司完工后，确认该项目收入与费用：

借：主营业务成本　　　　　　797.03(500+300-2.97)

贷：合同履约成本——合同成本　　　　　797.03

按照履约进度法中的成本法确认收入的会计核算：

借：合同结算——收入结转　　　　　　　970.87

贷：主营业务收入　　　　　　　　　　970.87

甲建筑劳务分包有限公司的税前利润=970.87-797.03+5.77=179.61（万元）

（二）甲建筑劳务分包有限公司全额开票，差额预缴增值税和差额申报增值税

（1）发票开具方法。建筑施工企业或劳务公司采用简易计税方法时，发票开具采用差额计税但全额开票，这与销售不动产、劳务派遣、人力资源外包服务、旅游服务等差额开票不同，因此，甲建筑劳务分包有限公司可全额开具增值税专用发票。发票上填写：税额为29.12［1000÷(1+3%)×3%］万元；销售金额为970.88（1000-29.12）万元。发票"备注栏"要注明建筑服务发生地所在县（市、区）及项目名称。

（2）差额预缴增值税。在简易计税的情况下，甲建筑劳务分包有限公司在工程劳务所在地税务局差额预缴增值税款等于向其机构所在地主管税务机关纳税申报的增值税税额。即甲劳务分包有限公司在工程劳务所在地税务局差额预缴增值税款为：（1000-300）÷(1+3%)×3%=20.39（万元）。

（3）差额申报增值税。《纳税人跨县（市、区）提供建筑服务增值税征收管理暂行办法》（国家税务总局公告2016年第17号）第八条规定，纳税人跨县（市、区）提供建筑服务，向建筑服务发生地主管国税机关预缴的增值税税款，可以在当期增值税应纳税额中抵减，抵减不完的，结转下期继续抵减。纳税人以预缴税款抵减应纳税额，应以完税凭证作为合法有效凭证。

因此，甲建筑劳务分包有限公司在其机构所在地税务局差额申报增值税时，可以抵扣其在工程劳务所在地税务局差额预缴增值税款（1000-300）÷(1+3%)×3%=20.38（万元），结果在其机构所在地税务局差额申报增值税时，是零申报增值税。

8

"业财税法融合"控税秘籍七：建筑企业（劳务公司）与农民工、班组长（包工头）签订用工合同的秘诀及其社保费用处理

一、建筑企业工程项目的分类

以建筑工程项目是否要办理农民工工资专用账户和农民工实名制登记为
依据，将建筑工程项目分为以下三类。

第一类，既办理农民工工资专用账户又办理农民工实名制管理的项目。
主要包括房建工程和市政工程。

2019 年 3 月 1 日开始实施的《建筑工人实名制管理办法（试行）》（建
市〔2019〕18 号）第三条　本办法适用于房屋建筑和市政基础设施工程。
2020 年 5 月 1 日实施的《保障农民工工资支付条例》（中华人民共和国国务
院令第 724 号）第三十一条和国务院办公厅关于全面治理拖欠农民工工资问
题的意见（国办发〔2016〕1 号）第三条第（八）项规定，在建筑领域推行
农民工工资专用账户管理，将农民工工资和非人工工程款分账管理。因此，
房建工程和市政工程必须是既要办理农民工工资专用账户又要办理农民工实
名制管理的工程项目。

第二类，既不办理农民工工资专用账户又不办理农民工实名制管理的项
目。主要包括地下管道工程、煤矿建设工程、石油化工煤气建设工程、绿化
工程、拆迁工程、爆破工程、家庭室内装修工程等，以及以下不需要办理
《建筑工程施工许可证》的工程项目：工程投资额在 100 万元以下或者建筑
面积在 300 平方米以下的建筑工程、文物保护的纪念建筑物和古建筑等的修
缮、抢险救灾及其他临时性房屋建筑和农民自建低层住宅的建筑活动。

第三类，必须办理农民工工资专用账户但无须办理农民工实名制管理的
项目。主要包括国家交通工程、水利水电工程、国家电网工程。

二、建筑企业（劳务公司）与农民工之间用工合同的分类及其
法律分析

（一）农民工用工合同的分类

农民工用工合同分为劳动合同、劳务合同和灵活就业协议三大类。其
中，劳动合同分为以下四种：无固定期限全日制劳动合同、固定期限全日制
劳动合同、以完成一定工资任务为期限的全日制劳动合同、非全日制劳动合
同。劳务合同分为两种：一是建筑企业与劳务公司签订劳务分包合同；二是

劳务公司或建筑企业与班组长（包工头）签订专业作业劳务分包合同。灵活就业协议是用工单位与非全日制工作人员、临时工、季节工、弹性就业工签订的协议，灵活就业协议包括非全日制劳动合同。

（二）与农民工签订固定期限全日制劳动合同的法律分析

《中华人民共和国劳动合同法》第十九条、第二十条、第十三条、第四十四条和第四十六条规定，固定期限劳动合同，是指用人单位与劳动者约定合同终止时间的劳动合同。用人单位与劳动者协商一致，可以订立固定期限劳动合同。固定期限劳动合同具有以下特征：

第一，固定期限劳动合同中可约定试用期。

劳动合同期限三个月以上不满一年的，试用期不得超过一个月；劳动合同期限一年以上不满三年的，试用期不得超过二个月；三年以上固定期限和无固定期限的劳动合同，试用期不得超过六个月。同一用人单位与同一劳动者只能约定一次试用期。

第二，试用期限的工资标准。

劳动者在试用期的工资不得低于本单位相同岗位最低档工资或者劳动合同约定工资的百分之八十，并不得低于用人单位所在地的最低工资标准。

第三，合同期限到期给予经济补偿金的条件。

合同期限到期，如果用人单位维持或者提高原劳动合同约定条件续订劳动合同，劳动者不同意续订的，则用人单位不支付经济补偿金；如果劳动者同意续签劳动合同，用人单位不同意续签，则用人单位必须支付经济补偿金。

第四，解除或终止劳动合同支付经济补偿金的标准。

《中华人民共和国劳动合同法》第四十七条规定，经济补偿按劳动者在本单位工作的年限，每满一年支付一个月工资的标准向劳动者支付。六个月以上不满一年的，按一年计算；不满六个月的，向劳动者支付半个月工资的经济补偿。劳动者月工资高于用人单位所在直辖市、设区的市级人民政府公布的本地区上年度职工月平均工资三倍的，向其支付经济补偿的标准按职工月平均工资三倍的数额支付，向其支付经济补偿的年限最高不超过十二年。

第五，签订固定期限的全日制劳动合同，用人单位与劳动者必须依法缴纳社保费用，劳动者的社保费用由用人单位依法从劳动者工资收入中代扣代缴。

（三）与农民工签订以完成一定工作任务为期限的全日制劳动合同的法律分析

《中华人民共和国劳动合同法》第十五条和第十九条规定，以完成一定工作任务为期限的劳动合同，是指用人单位与劳动者约定以某项工作的完成为合同期限的劳动合同。以完成一定工作任务为期限的全日制劳动合同具有以下特征。

第一，不得约定试用期。

以完成一定工作任务为期限的劳动合同或者劳动合同期限不满三个月的，不得约定试用期。试用期包含在劳动合同期限内。劳动合同仅约定试用期的，试用期不成立，该期限为劳动合同期限。

第二，工作任务完成而终止的劳动合同，用人单位必须支付经济补偿金。

《中华人民共和国劳动合同法实施条例》第二十二条规定，以完成一定工作任务为期限的劳动合同因任务完成而终止的，用人单位应当依照劳动合同法第四十七条的规定向劳动者支付经济补偿。

（四）与农民工签订灵活就业协议全日制劳动合同的法律分析

根据全国人大常委会法制工作委员会行政法室编著、中国法制出版社出版的《中华人民共和国社会保险法解读》的解释，所谓的"灵活就业人员"是指以非全日制、临时性、季节性、弹性工作等灵活多样的形式实现就业的人员，包括无雇工的个体工商户、非全日制从业人员以及律师、会计师、自由撰稿人、演员等自由职业者等。签订灵活就业协议的劳动合同具有以下特征：

第一，可以与用人单位签订灵活就业协议的人员。

与用人单位可以签订灵活就业协议的人员有无雇工的个体工商户、非全日制从业人员、自由职业者、临时工、季节工、弹性工作人员（包括农民工）。

第二，用人单位无须承担无雇工的个体工商户、灵活就业和非全日制从业人员的社保费用，无雇工的个体工商户、灵活就业和非全日制从业人员可以自愿选择直接向社会保险费征收机构缴纳社会保险费。

《国务院关于印发医药卫生体制改革近期重点实施方案（2009—2011年）的通知》（国发〔2009〕12号）规定，灵活就业人员和农民工参加城镇职工医疗保险，灵活就业人员自愿选择参加城镇职工医疗保险或城镇居民医疗保险，参加城镇职工医疗保险有困难的农民工，可以自愿选择参加城镇居民医疗保险或户籍所在地的新型农村合作医疗。

《中华人民共和国社会保险法》（中华人民共和国主席令第 35 号）第五十八条第二款和第六十条第二款规定，自愿参加社会保险的无雇工的个体工商户、未在用人单位参加社会保险的非全日制从业人员以及其他灵活就业人员，应当向社会保险经办机构申请办理社会保险登记。无雇工的个体工商户、未在用人单位参加社会保险的非全日制从业人员以及其他灵活就业人员，可以直接向社会保险费征收机构缴纳社会保险费。

《国务院办公厅关于印发降低社会保险费率综合方案的通知》（国办发〔2019〕13 号）第三条规定："个体工商户和灵活就业人员参加企业职工基本养老保险，可以在本省全口径城镇单位就业人员平均工资的 60% 至 300% 之间选择适当的缴费基数。"基于以上法律规定，以灵活就业人员身份自愿参保的，只能参加基本养老保险和基本医疗保险，灵活就业人员不纳入失业和生育保险的范围，同时，个体工商户和灵活就业人员可以选择缴纳最低的社保费用基数缴纳社保费用。

《中华人民共和国社会保险法》第十条、第二十三条规定，无雇工的个体工商户、未在用人单位参加职工基本医疗保险的非全日制从业人员以及其他灵活就业人员根据自愿原则，可以参加职工基本医疗保险的，由其个人缴纳基本医疗保险费。无雇工的个体工商户、未在用人单位参加基本养老保险的非全日制从业人员以及其他灵活就业人员可以参加基本养老保险，由个人缴纳基本养老保险费。

（五）与农民工签订非全日制劳动合同的法律分析

新修订的《中华人民共和国劳动合同法》（自 2013 年 7 月 1 日执行）第六十八条、第七十条、第七十一条和第七十二条规定，非全日制用工，是指以小时计酬为主，劳动者在同一用人单位一般平均每日工作时间不超过四小时，每周工作时间累计不超过二十四小时的用工形式。其内涵如下：

1. 界定全日制和非全日制劳动关系的决定因素是工作时间

如果劳动者平均每日工作时间不超过四小时、每周累计不超过 24 小时，则劳动者与用人单位建立的属于非全日制劳动关系。否则，属于全日制劳动关系。特别提醒：劳动者每天工作时间可以超过 4 小时，也可以低于 4 小时，但是每周工作时间累计不超过 24 小时的则为非全日制劳动关系。

2. 非全日制用工的工资支付周期最长为十五日

《中华人民共和国劳动合同法》第七十二条第二款规定："非全日制用

工劳动报酬结算支付周期最长不得超过十五日。"根据此规定，与全日制用工要求工资按月发放不同，非全日制用工的工资支付周期最长为 15 日。但是超过 15 日支付工资或按月给非全日制劳动者发放工资，不是全日制用工和非全日制用工的核心区别。因此，超过 15 日支付工资或按月给非全日制劳动者发放工资，不影响非全日制性质，仍然是非全日制用工形式。

3. 用人单位与非全日制用工劳动者没有签订书面劳动合同的义务，可以签订书面劳动合同，也可以订立口头协议

《中华人民共和国劳动合同法》（2017 年修订版）第六十九条第一款规定："非全日制用工双方当事人可以订立口头协议。"《劳动保障部关于非全日制用工若干问题的意见》（劳社部发〔2003〕12 号）第一条第一款规定："从事非全日制工作的劳动者，可以与一个或一个以上用人单位建立劳动关系。用人单位与非全日制劳动者建立劳动关系，应当订立劳动合同。劳动合同一般以书面形式订立。劳动合同期限在一个月以下的，经双方协商同意，可以订立口头劳动合同。但劳动者提出订立书面劳动合同的，应当以书面形式订立。"根据新法优于旧法和上位法优于下位法的法律适用原则，《中华人民共和国劳动合同法》（2017 年修订版）优于《劳动保障部关于非全日制用工若干问题的意见》（劳社部发〔2003〕12 号）。因此，用人单位使用非全日制劳动者，可以订立非全日制劳动合同，明确其工作时间和双方的劳动权利义务，也可以不签劳动合同，只订立口头协议。

4. 与同一单位建立双重非全日制劳动关系的则属于全日制劳动关系

《中华人民共和国劳动合同法》第六十八条在界定非全日制用工的工作时间标准时明确提到的一个前提是"劳动者在同一用人单位"，即劳动者因工作时间不超过 4 小时而成立非全日制劳动关系的前提是在同一用人单位，如果劳动者在同一用人单位的两段工作时间平均每天超过 4 小时，则显然属于全日制劳动关系。

5. 同一农民工与两个独立法人单位分别签订非全日制合同的合法性

《中华人民共和国劳动合同法》第六十九条第二款规定："从事非全日制用工的劳动者可以与一个或者一个以上用人单位订立劳动合同；但是，后订立的劳动合同不得影响先订立的劳动合同的履行。"基于此规定，非全日制劳动者可以建立双重劳动关系甚至是多重劳动关系，即劳动者可以在 A 企业、B 企业甚至 C 企业同时做几份小时工。

6. 非全日制用工与全日制用工的两点关键区别

第一，用人单位与非全日制用工的劳动者签订劳动合同时，合同中不能约定使用期限,而全日制用工与用人单位的劳动合同中必须约定使用期限。

第二,非全日制用工终止,用人单位不支付经济补偿金。全日制用工与用人单位签订的劳动合同,如果用人单位出现《中华人民共和国劳动法》终止劳动合同关系的情形,必须支付经济补偿金。

三、建筑企业(劳务公司)与农民工、班组长(包工头)签订用工合同的秘诀

通过以上对应农民工不同用工合同的法律分析,建筑企业或劳务公司与农民工签订不同用工合同的秘诀如下:

(一)第一类建筑项目的用工合同签订秘诀

如果建筑企业(劳务公司)从事第一类建筑项目(房建和市政工程)的建设,则建筑企业(劳务公司)与农民工、班组长的用工合同签订秘诀分以下三种情况处理:

(1)如果农民工在工地上工作时间在一星期以内,则控制每人500元劳务报酬以下,不签订任何合同,按照小额零星业务支出处理(税法依据:国家税务总局2018年公告第28号文件第9条第二款"小额零星业务支出标准"的规定),只要凭借农民工本人签字并按手印的身份证复印件和项目劳务公司或建筑企业项目部负责人、劳资专管员签字的收款收据入工程项目期间成本即可,不需要申报农民工个人所得税。

(2)如果农民工在工地上工作时间在3个月以内的,则建筑企业(劳务公司)与农民工签订灵活就业协议书,或与某班组长签订专业作业劳务分包合同。如果签订灵活就业协议,则要农民工必须实施实名制登记和农民工工资专用账户代发农民工工资;如果与某班组长签订专业作业劳务分包合同,则农民工不需要实施实名制登记和不需要通过农民工工资专用账户代发农民工工资,直接由劳务公司或建筑企业发放农民工工资。

(3)如果农民工在工地上工作时间在3个月以上,一年以内,则建筑企业(劳务公司)与农民工签订固定期限的全日制的劳动合同,农民工必须既要实施实名制登记又要实施农民工工资专用账户代发农民工工资。

(二)第二、第三类建筑项目的用工合同签订秘诀

为了规避社保费用、残保基金和公会经费负担,针对第二、第三类建筑

项目，尽量避免与农民工签订劳动合同，应签订劳务合同。因此，建筑企业
（劳务公司）与某班组长签订专业作业劳务分包合同，班组长聘请农民工从
事建筑劳务服务。

四、建筑企业（劳务公司）与农民工签订不同用工合同与社保费用的协同管理之策

（一）签订灵活就业协议与社保费用的协同管理

如果建筑企业（劳务公司）与农民工签订 3 个月以内的灵活就业协议，
或者签订弹性就业的灵活就业协议，则建筑企业（劳务公司）和农民工不缴
纳社保费用。农民工要么选择不缴纳社保费用（基本医疗和基本养老保险），
要么可以自愿选择在其户口所在地的社保所（农村村民社保征收机构）缴纳
社会保险费用（包括"新农合"和"新农保"）。

（二）签订固定期限劳动合同与社保费用的协同管理

如果建筑企业（劳务公司）与农民工签订固定期限（一年以内）的全
日制劳动合同（适用第一类的建筑工程项目），则让农民工在其户籍所在地
购买新型农村合作医疗（"新农合"）和新型农村养老保险（"新农保"），
将有关社保缴费凭证（凭农民工本人身份证在其户籍所在地社保所大厅的自
动打印缴费凭证的机器设备进行打印）交给建筑企业或劳务公司的财务部门
存档备查。

（三）工伤保险费用的处理

如果建筑企业总承包单位发生专业分包或劳务分包，则劳务公司和建筑
企业专业分包方不再缴纳工程项目的工伤保险费用。

《关于进一步做好建筑业工伤保险工作的意见》（人社部发〔2014〕103
号）第四条"确保工伤保险费用来源。"规定：**建设单位要在工程概算中将
工伤保险费用单独列支，作为不可竞争费，不参与竞标，并在项目开工前由
施工总承包单位一次性代缴本项目工伤保险费，覆盖项目使用的所有职工，
包括专业承包单位、劳务分包单位使用的农民工。**

《部分行业企业工伤保险费缴纳办法》（中华人民共和国人力资源和社
会保障部令第 10 号）第三条规定，建筑施工企业可以实行以建筑施工项目

为单位，按照项目工程总造价的一定比例，计算缴纳工伤保险费。

根据以上政策规定，由于项目开工前由施工总承包单位一次性代缴本项目工伤保险费，覆盖项目使用的所有职工，包括专业承包单位、劳务分包单位使用的农民工，所以劳务公司和建筑企业专业分包方不再缴纳工程项目的工伤保险费用。

（四）签订专业作业劳务分包合同与社保费用的协同管理

如果建筑企业总承包单位或建筑专业承包单位或劳务公司与班组长（包工头）或以班组长（包工头）注册成立的个体工商户签订专业作业劳务分包合同，班组长（包工头）或以班组长（包工头）注册成立的个体工商户直接雇用农民工（适用第二、第三类建筑工程项目），则建筑企业或劳务公司不承担缴纳农民工、班组长（包工头）社保费用的职责。农民工要么选择不缴纳社保费用（基本医疗和基本养老保险），要么可以自愿选择在其户口所在地的社保所（农村村民社保征收机构）缴纳社会保险费用（包括"新农合"和"新农保"）。

《中华人民共和国社会保险法》第四条规定，中华人民共和国境内的用人单位和个人依法缴纳社会保险费。《中华人民共和国劳动合同法》（中华人民共和国主席令第二十八号）第七十二条规定用人单位和劳动者必须依法参加社会保险，缴纳社会保险费。《中华人民共和国劳动合同法》第二条规定中华人民共和国境内的企业、个体经济组织、民办非企业单位等组织（以下称用人单位）与劳动者建立劳动关系，订立、履行、变更、解除或者终止劳动合同，适用本法。《关于贯彻执行〈中华人民共和国劳动法〉若干问题的意见》（劳部发〔1995〕309号）第一条规定，**个体经济组织是指一般雇工在七人以下的个体工商户。**

基于以上法律规定，只有在中华人民共和国境内与劳动者建立劳动关系的企业、个体经济组织、民办非企业单位等用人单位和劳动者才依法缴纳社保费用的主体。而建筑领域的班组长和包工头是自然人，不是用人单位，其雇佣农民工不适用《中华人民共和国劳动合同法》和《中华人民共和国社会保险法》，班组长（包工头）不承担为农民工缴纳社保费用的职责，农民工要么选择不缴纳社保费用（基本医疗和基本养老保险），要么可以在其户口所在地的社保所（农村村民社保征收机构）缴纳社会保险费用（包括"新农合"和"新农保"）。

9

"业财税法融合"控税秘籍八：建筑企业（劳务公司）不同用工形式下的社保费用筹划之道

本秘籍重点介绍以下两方面的社保费用节约之策:一是建筑企业节约社保费用之用工形式筹划;二是建筑劳务公司节约社保费用的五种秘诀、法律依据和实操要点。其中重点提出建筑公司项目部直接雇佣农民工社保费用的三种筹划之道和建筑劳务公司节约社保费用的五种秘诀。

一、建筑企业节约社保费用之用工形式筹划

通过以上对建筑企业不同用工形式的社保费用和农民工个税的法理、财务分析,建筑企业节约社保费用的用工形式应按照以下方法进行筹划,具体的操作要点如下:

(一)将建筑劳务外包给劳务公司

建筑企业必须选择与劳务公司签订劳务分包合同,在签订劳务分包合同的情况下,建筑企业与劳务公司是劳务关系,不承担农民工的社保费用。

(二)建筑公司项目部直接雇用农民工的社保费用筹划之道

如果建筑企业不与劳务公司签订劳务分包合同,而是建筑企业项目部直接雇用农民工进行工作的情况下,要分以下四种情况进行社保费用的筹划:

(1)如果建筑企业从事既不设立农民工工资专用账户又不进行农民工实名制登记管理的项目,则建筑企业与农民工之间签订非全日制劳动合同(即一周工作时间不超过24小时,一个月不超过96小时的用工合同),建筑企业不缴纳社保费用。例如,建筑企业工程项目部的钢筋工、模板工、砼工、砌筑工、抹灰工、架子工、防水工、水电暖安装工、油漆工、外墙保温工等都是按照小时计算劳动报酬的。因此,建筑企业或劳务公司可以与以上劳动者签订非全日制用工协议书,协议中约定:每小时的劳动报酬、每周工作时间不超过24小时。注意:非全日制用工合同,用人单位与劳动者之间是劳动关系而不是劳务关系,用人单位必须给非全日制劳动者代扣代缴个人所得税。

(2)如果建筑企业从事既设立农民工工资专用账户又进行农民工实名制登记管理的项目,且工作时间在一个月或最长三个月以内的情况下,则建筑企业与农民工签订灵活就业协议,根据《中华人民共和国社会保险法》,签订灵活就业协议的用人单位和职工不缴纳社保费用。

(3)建筑企业将长期与其合作的农民工注册为"无雇工的个体工商户",然后与"无雇工的个体工商户"签订劳务分包合同,节约社保费用。

171

具体操作要点如下：

第一，建筑企业指定专门的人员，在建筑企业注册地的工商部门，为长期与其合作的农民工代理注册为"无雇工的个体工商户"。根据《中华人民共和国社会保险法》，无雇工个体工商户不缴纳社保费用，建筑企业与无雇工个体工商户是劳务关系，不缴纳农民工的社保费用。

第二，建筑企业与注册为"无雇工的个体工商户"的农民工签订专业作业劳务分包合同，合同中约定劳务工程范围、劳务款结算和支付等事宜。但必须保证每月结算的劳务分包款在 2 万元以内。

第三，根据国家税务总局 2018 年公告第 28 号文件第九条第二款"小额零星业务支出标准"的规定，注册的个体工商户每月销售额在 2 万元以下的，不开发票，只凭借劳务款收款收据和身份证复印件入成本。

二、建筑劳务公司节约社保费用的五种秘诀、法律依据和实操要点

十九届全国人大二次会议明确提出基本养老保险参保单位缴纳比例降低到 16% 的目标。尽管如此，但是企业的社保费用负担还是很重。根据《建筑工人实名制管理办法》（试行）和《国务院促进建筑业持续健康发展的意见》，建筑劳务公司的社保费用和人工成本依然很高，因此，对劳务公司节约社保费用的秘诀进行研究很有必要。

（一）劳务公司的社保费用成本分析

1. 相关法律规定

对我国涉及社保的相关法律进行梳理如下：

（1）城镇企业事业单位招用的农民合同工本人不缴纳失业保险费。

《失业保险条例》第六条规定，城镇企业事业单位按照本单位工资总额的 2% 缴纳失业保险费，城镇企业事业单位职工按照本人工资的 1% 缴纳失业保险费。城镇企业事业单位招用的农民合同工本人不缴纳失业保险费。

（2）工伤保险费用和生育保险由用人单位缴纳，职工个人不缴纳工伤保险费。

《工伤保险条例》（中华人民共和国国务院令第 586 号）第十条规定，用人单位应当按时缴纳工伤保险费，职工个人不缴纳工伤保险费。

（3）建筑领域的工伤保险由施工总承包单位一次性缴纳。《关于进一步

做好建筑业工伤保险工作的意见》（人社部发〔2014〕103号）第四条规定：建设单位要在工程概算中将工伤保险费用单独列支，作为不可竞争费，不参与竞标，并在项目开工前由施工总承包单位一次性代缴本项目工伤保险费，覆盖项目使用的所有职工，包括专业承包单位、劳务分包单位使用的农民工。

《部分行业企业工伤保险费缴纳办法》（中华人民共和国人力资源和社会保障部令第10号）第三条规定，建筑施工企业可以实行以建筑施工项目为单位，按照项目工程总造价的一定比例，计算缴纳工伤保险费。

（4）基本医疗保险费用的缴纳比例：用人单位按照职工工资总额的10%缴纳，职工按照本人工资收入的2%由用人单位代扣代缴。

《国务院关于建立城镇职工基本医疗保险制度的决定》（国发〔1998〕44号）规定，基本医疗保险费由用人单位和职工共同缴纳。用人单位缴费率应控制在职工工资总额的6%左右，职工缴费率一般为本人工资收入的2%。具体缴费比例由各统筹地区根据实际情况确定。随着经济发展，用人单位和职工缴费率可作相应调整。目前的比例调整为：用人单位缴费率应控制在职工工资总额的10%左右，职工缴费率一般为本人工资收入的2%。

（5）基本养老保险的缴纳比例：用人单位按照职工工资总额的16%缴纳，职工按照本人工资收入的8%由用人单位代扣代缴。

根据《国务院关于建立统一的企业职工基本养老保险制度的决定》（国发〔1997〕26号）规定，个人缴纳基本养老保险费的比例，1997年不得低于本人缴费工资的4%，自1998年起每两年提高1个百分点，最终达到本人缴费工资的8%。目前，个人缴纳基本养老保险费的比例统一为本人缴费工资的8%。企业缴纳基本养老保险费的比例，一般不得超过企业工资总额的20%，十九届全国人大二次会议明确提出：基本养老保险参保单位缴纳的比例降低到16%。

（6）工伤保险和生育保险是工资总额的0.8%和0.5%。《国务院办公厅关于印发生育保险和职工基本医疗保险合并实施试点方案的通知》（国办发〔2017〕6号）规定：在河北省邯郸市、山西省晋中市、辽宁省沈阳市、江苏省泰州市、安徽省合肥市、山东省威海市、河南省郑州市、湖南省岳阳市、广东省珠海市、重庆市、四川省内江市、云南省昆明市开展两项保险合并实施试点。国办发〔2017〕6号第三条第（二）项规定：生育保险基金并入职工基本医疗保险基金，统一征缴。试点期间，可按照用人单位参加生育保险和职工基本医疗保险的缴费比例之和确定新的用人单位职工基本医疗保险费率，个人不缴纳生育保险费。

2. 劳务公司的社保成本

通过以上社保政策依据，劳务公司的社保成本如下：

（1）基本养老保险缴纳比例：劳务公司按照农民工工资总额的16%缴纳基本养老保险，农民工按照本人工资收入的8%由劳务公司代扣代缴。

（2）基本医疗保险缴纳比例：劳务公司按照农民工工资总额的10%缴纳，农民工工资按照本人工资收入的2%由劳务公司代扣代缴。

（3）工伤保险缴纳比例：劳务公司和农民工不缴纳工伤保险。

（4）失业保险缴纳比例：劳务公司按照农民工工资总额的2%缴纳失业保险费，农民工不缴纳失业保险费。

（5）生育保险缴纳比例：劳务公司按照农民工工资总额的0.5%缴纳，将与基本医疗保险合并，农民工不缴纳生育保险。

基于以上总结，劳务公司的社保成本为：劳务公司按照农民工工资总额的28.5%，农民工的社保成本为其本人工资总额的10%，总共是38.5%。这对劳务公司而言是很重的成本，因此，劳务公司必须进行筹划节约社保成本。

（二）劳务公司节约社保费用的五种秘诀及其法律依据和实操要点

1. 节约社保费用秘诀一、法律依据及操作要点

【秘诀一】

劳务公司与以小时计酬为主的农民工签订非全日制用工合同，劳务公司和农民工不缴纳社保费用，但劳务公司必须缴纳工伤保险。

【法律依据】

（1）非全日制用工的法律界定及其内涵。

1）法律界定。根据新修订的《中华人民共和国劳动合同法》（自2013年7月1日执行）第六十八条、第七十条、第七十一条和第七十二条的规定，有关非全日制用工的规定如下：

其一，非全日制用工，是指以小时计酬为主，劳动者在同一用人单位一般平均每日工作时间不超过四小时，每周工作时间累计不超过二十四小时的用工形式。

其二，非全日制用工双方当事人不得约定试用期。

其三，非全日制用工双方当事人任何一方都可以随时通知对方终止用工。终止用工，用人单位不向劳动者支付经济补偿。

其四，非全日制用工小时计酬标准不得低于用人单位所在地人民政府规定的最低小时工资标准。

其五，非全日制用工劳动报酬结算支付周期最长不得超过十五日。

2）法律内涵。基于以上法律规定，"非全日制用工"的法律界定，是指以小时计酬为主，劳动者在同一用人单位平均每日工作时间不超过 4 小时，每周工作时间累计不超过 24 小时的用工形式。其法律内涵如下：

其一，界定全日制和非全日制劳动关系的决定因素是工作时间。如果劳动者平均每日工作时间不超过 4 小时、每周累计不超过 24 小时，则劳动者与用人单位建立的属于非全日制劳动关系。否则，则属于全日制劳动关系。特别提醒：劳动者每天工作时间可以超过 4 个小时，也可以低于 4 个小时，但是每周工作时间累计不超过 24 小时的则为非全日制劳动关系。

其二，非全日制用工的工资支付周期最长为 15 日。《中华人民共和国劳动合同法》第七十二条第二款规定："非全日制用工劳动报酬结算支付周期最长不得超过十五日。"根据此条的规定，与全日制用工要求工资按月发放不同，非全日制用工的工资支付周期最长为 15 日。但是超过 15 日支付工资或按月给非全日制劳动者发放工资，不是全日制用工和非全日制用工的核心区别。因此，超过 15 日支付工资或按月给非全日制劳动者发放工资，不影响非全日制性质，仍然是非全日制用工形式。

其三，非全日制劳动者可以建立双重劳动关系甚至是多重劳动关系。《中华人民共和国劳动合同法》第六十九条第二款规定："从事非全日制用工的劳动者可以与一个或者一个以上用人单位订立劳动合同；但是，后订立的劳动合同不得影响先订立的劳动合同的履行。"基于此规定，非全日制劳动者可以建立双重劳动关系甚至是多重劳动关系，即劳动者可以在 A 企业、B 企业甚至 C 企业同时做几份小时工。

其四，用人单位与非全日制用工劳动者没有签订书面劳动合同的义务，可以签订书面劳动合同，也可以订立口头协议。《中华人民共和国劳动合同法》（2017 年修订版）第六十九条第一款规定："非全日制用工双方当事人可以订立口头协议。"《劳动保障部关于非全日制用工若干问题的意见》（劳社部发〔2003〕12 号）第一条第一款规定："从事非全日制工作的劳动者，可以与一个或一个以上用人单位建立劳动关系。用人单位与非全日制劳动者建立劳动关系，应当订立劳动合同。劳动合同一般以书面形式订立。劳动合同期限在一个月以下的，经双方协商同意，可以订立口头劳动合同。但劳动者提出订立书面劳动合同的，应当以书面形式订立。"根据新法优于旧法和上位法优于下位法的法律适用原则的规定，《中华人民共和国劳动合同法》（2017年修订版）优于《劳动保障部关于非全日制用工若干问题的意见》（劳社部发〔2003〕12号）。因此，用人单位使用非全日制劳动者，可以订立非全日制劳动合同，明确其工作时间和双方的劳动权利义务，也可以不签订劳动合同，只订立口头协议。

其五，与同一单位建立双重非全日制劳动关系的则属于全日制劳动关系。《中华人民共和国劳动合同法》第六十八条在界定非全日制用工的工作时间标准时明确提到的一个前提是"劳动者在同一用人单位"，即劳动者因工作时间不超过四小时而成立非全日制劳动关系的前提是在同一用人单位，如果劳动者在同一用人单位的两段工作时间平均每天超过四小时，则显然属于全日制劳动关系。

其六，非全日制用工与全日制用工的两点关键区别。

区别一，用人单位与非全日制用工的劳动者签订劳动合同时，合同中不能约定使用期限，而全日制用工与用人单位的劳动合同中必须约定使用期限。

《中华人民共和国劳动法》第十九条规定：劳动合同期限三个月以上不满一年的，试用期不得超过一个月；劳动合同期限一年以上不满三年的，试用期不得超过二个月；三年以上固定期限和无固定期限的劳动合同，试用期不得超过六个月。同一用人单位与同一劳动者只能约定一次试用期。以完成一定工作任务为期限的劳动合同或者劳动合同期限不满三个月的，不得约定试用期。试用期包含在劳动合同期限内。劳动合同仅约定试用期的，试用期不成立，该期限为劳动合同期限。

区别二，非全日制用工双方当事人任何一方都可以随时通知对方终止用工，终止用工，用人单位不向劳动者支付经济补偿金。全日制用工与用人单位签订的劳动合同，如果用人单位出现《中华人民共和国劳动法》终止劳动合同关系的情形，必须支付经济补偿金。

（2）非全日制用工的社保问题处理。

1）用工单位无须给非全日制劳动者交纳基本养老保险费和基本医疗保险费。《劳动保障部关于非全日制用工若干问题的意见》（劳社部发〔2003〕12号）第二条"关于非全日制用工的工资支付"的第八项规定："非全日制用工的小时最低工资标准由省、自治区、直辖市规定，并报劳动保障部备案。确定和调整小时最低工资标准应当综合参考以下因素：当地政府颁布的月最低工资标准；单位应缴纳的基本养老保险费和基本医疗保险费（当地政府颁布的月最低工资标准未包含个人缴纳社会保险费因素的，还应考虑个人应缴纳的社会保险费）。"

基于此规定，在非全日制用工中，用人单位为劳动者支付的小时工资里已包括正常工资以及基本养老保险、基本医疗保险费用部分。因此，用人单位无须再向社会保险机构为劳动者另行交纳养老保险以及医疗保险，因为非全日制用工和灵活就业人员身份自愿参保的，参加的基本养老和基本医疗保险费用全部由其个人缴纳。

2）用人单位负有为非全日制用工缴纳工伤保险的义务。《劳动保障部关于非全日制用工若干问题的意见》（劳社部发〔2003〕12号）第三条"关于非全日制用工的社会保险"第十二项规定："用人单位应当按照国家有关规定为建立劳动关系的非全日制劳动者缴纳工伤保险费。"基于此规定，用人单位负有为非全日制用工缴纳工伤保险的义务，但是对于建筑领域的劳务公司和专业分包单位不缴纳工伤保险，因此工伤保险全部由建筑总承包方在项目开工前一次性缴纳。

【操作要点】

（1）建筑企业工程项目部的钢筋工、模板工、砼工、砌筑工、抹灰工、架子工、防水工、水电暖安装工、油漆工、外墙保温工等都是按照小时计算劳动报酬的。只要符合非全日制用工的条件，劳务公司可以与从事以上工种的农民工签订非全日制用工协议书，在协议中约定每小时的劳动报酬、每周工作时间不超过24小时。

（2）劳务公司与符合非全日制用工条件的农民工可以订立口头协议，也可以签订非全日制的劳动合同。对于非全日制用工形式，劳务公司不缴纳工伤保险、基本养老和基本医疗保险，由非全日制用工的农民工本人直接回其户口所在地社保所缴纳基本养老和基本社会保险费。

《关于进一步做好建筑业工伤保险工作的意见》（人社部发〔2014〕103号）规定，建设单位要在工程概算中将工伤保险费用单独列支，作为不可竞争费，不参与竞标，并在项目开工前由施工总承包单位一次性代缴本项目工伤保险费，覆盖项目使用的所有职工，包括专业承包单位、劳务分包单位使用的农民工。基于此规定，劳务公司不缴纳分包项目的工伤保险。

2. 节约社保费用秘诀二、法律依据及操作要点

【秘诀二】

对于既没有实施农民工工资专用账户管理又没有实施农民工实名制管理的建筑项目，劳务公司派专业人员代理长期与劳务公司合作的农民工本人在劳务公司所在地的市场监督管理局，注册为无雇工的专业作业建筑劳务的个体工商户，然后让无雇工的个体工商户与劳务公司签订某一工种的专业作业劳务分包协议，将月收入的劳务款控制在20000元以内，按小额零星业务支出的税收政策规定处理，无雇工的个体工商户不需要到税局代开发票给劳务公司作为成本核算依据。无雇工的个体工商户不缴纳社保费用。各省税务局都规定月收入在3万元以下的个体工商户（深圳市规定月收入10万元以下的个体工商户免征个人所得税）。

【法律依据】

（1）小额零星业务支出的税前扣除凭证的法律依据：《关于发布〈企业所得税税前扣除凭证管理办法〉的公告》（国家税务总局2018年公告第28号文件）第九条和《税务登记管理办法》（国家税务总局令第36号）规定，企业在境内发生的支出项目属于增值税应税项目（以下简称"应税项目"）的，对方为已办理税务登记的增值税纳税人，其支出以发票（包括按照规定由税务机关代开的发票）作为税前扣除凭证；对方为依法无需办理税务登记的单位或者从事小额零星经营业务的个人，其支出以税务机关代开的发票或者收款凭证及内部凭证作为税前扣除凭证，收款凭证应载明收款单位名称、个人姓名及身份证号、支出项目、收款金额等相关信息。小额零星经营业务的判断标准是个人从事应税项目经营业务的销售额不超过增值税相关政策规定的起征点。

《财政部关于修改〈中华人民共和国增值税暂行条例实施细则〉和〈中华人民共和国营业税暂行条例实施细则〉的决定》（财政部令第65号）第一条规定，将《中华人民共和国增值税暂行条例实施细则》第三十七条第二款修改为："增值税起征点的幅度规定如下：

（一）销售货物的，为月销售额5000~20000元；

（二）销售应税劳务的，为月销售额5000~20000元；

（三）按次纳税的，为每次（日）销售额300~500元。"

《财政部 国家税务总局关于全面推开营业税改征增值税试点的通知》（财税〔2016〕36号）文件附件1《营业税改征增值税试点实施办法》第五十条规定，增值税起征点幅度如下：

（一）按期纳税的，为月销售额5000~20000元（含本数）。

（二）按次纳税的，为每次（日）销售额300~500元（含本数）。

《税务登记管理办法》（国家税务总局令第36号）第二条规定，企业，企业在外地设立的分支机构和从事生产、经营的场所，个体工商户和从事生产、经营的事业单位……除国家机关、个人和无固定生产、经营场所的流动性农村小商贩以外的其他纳税人，均应当按规定办理税务登记。

（2）小额零星经营业务支出的税前扣除凭证。《关于发布〈企业所得税税前扣除凭证管理办法〉的公告》（国家税务总局 2018 年公告第 28 号文件）第九条第二款规定："**企业在境内发生的支出项目属于增值税应税项目（以下简称'应税项目'）的，对方为依法无需办理税务登记的单位或者从事小额零星经营业务的个人，其支出以税务机关代开的发票或者收款凭证及内部凭证作为税前扣除凭证，收款凭证应载明收款单位名称、个人姓名及身份证号、支出项目、收款金额等相关信息。**"基于此税法规定，发生增值税应税项目的小额零星经营业务支出的税前扣除凭证有以下两种：

1）以税务机关代开的发票作为税前扣除凭证。

2）以收款凭证及内部凭证或小额零星业务支出收款收据所示作为税前扣除凭证，收款凭证应载明收款单位名称、个人姓名及身份证号、支出项目、收款金额等相关信息。

小额零星业务支出收款收据附件如图 67 所示。

小额零星经营业务收款收据　　　　付款日期：

付款单位名称			
纳税人识别号			
支出项目	金额	代扣代缴	实收金额
收款人名称			
纳税人识别号			

收款人（签章）

收款日期

图 67

温馨提示

　　第一，个人发生的小额零星业务支出分为两种情况：一是按期纳税的，按照月销售金额在 20000 元（含）以下；二是按次或按日 500 元

（含）以下。在税收征管实践中，对自然人个人发生应税项目的小额零星业务，按次或按日500元（含）以下的，不要去当地税务主管部门代开发票。

第二，根据国家税务总局公告2018年第28号文件第九条的规定，从事小额零星经营业务的个人，其支出以收款凭证及内部凭证作为税前扣除凭证，收款凭证应载明收款单位名称、个人姓名及身份证号、支出项目、收款金额等相关信息。其中"小额零星经营业务的判断标准"是个人从事应税项目经营业务的销售额不超过增值税相关政策规定的起征点。《中华人民共和国增值税暂行条例实施细则》第八条规定，《中华人民共和国增值税暂行条例》中第一条中的"个人"是指个体经营者及其他个人。

《财政部 国家税务总局关于全面推开营业税改征增值税试点的通知》（财税〔2016〕36号）文件附件1《营业税改征增值税试点实施办法》第五十条规定，增值税起征点幅度如下：

（一）按期纳税的，为月销售额5000~20000元（含本数）。

（二）按次纳税的，为每次（日）销售额300~500元（含本数）。

该文件中的"按期"是指办理了税务登记或临时税务登记的纳税人，"按次"是指自然人个人。

因此，办理税务登记的无雇工的个体工商户是属于个体经营者，按月销售额2万元以下符合小额零星业务支出，不需要到当地税务主管部门代开具发票。

基于以上税收政策规定，注册为无雇工的个体工商户的农民工与劳务公司签订专业作业劳务分包合同，每月个体工商户的劳务款支出控制在20000元以内，则劳务公司支付给无雇工的个体工商户的劳务款，不需要无雇工的个体工商户去施工项目所在地的税务局代开发票，只要无雇工的个体工商户的农民工签字的劳务款收款收据就可以在劳务公司进成本，在劳务公司的企业所得税前进行扣除。

（3）无雇工的个体工商户不缴纳社保费用。《中华人民共和国社会保险法》（中华人民共和国主席令第35号）第十条第二款和第二十三条第二款规定，无雇工的个体工商户、未在用人单位参加职工基本医疗保险的非全日制从业人员以及其他灵活就业人员可以参加职工基本医疗保险和基本养老保险，由个人按照国家规定缴纳基本养老保险费用和基本医疗保险费。

同时，《中华人民共和国社会保险法》（中华人民共和国主席令第35号）第五十八条第二款和第六十条第二款规定，自愿参加社会保险的无雇工的个体工商户、未在用人单位参加社会保险的非全日制从业人员以及其他灵活就业人员，应当向社会保险经办机构申请办理社会保险登记。无雇工的个体工商户、未在用人单位参加社会保险的非全日制从业人员以及其他灵活就业人员，可以直接向社会保险费征收机构缴纳社会保险费。

因此，无雇工的个体工商户可以不缴纳社保保险，即使要交社保，也由无雇工的个体工商户自己向社会保险费征收机构缴纳。

【实操要点】

第一，劳务公司派专业人员代理长期与劳务公司合作的农民工本人在劳务公司所在地的市场监督管理局，注册为无雇工的专业作业建筑劳务的个体工商户，然后让无雇工的个体工商户与劳务公司签订某一工种的专业作业劳务分包协议，在协议中的"劳务款结算"条款中约定：每月依照劳务工程量进行进度结算，结算工程劳务款在20000元以内，超过部分的劳务量在下个月进行结算。

第二，劳务公司每月支付无雇工的专业作业建筑劳务的个体工商户的劳务结算款在20000元以下的，全国各省税务局都规定免征个人所得税。

第三，劳务公司凭借以下涉税凭证作为财务成本核算依据：劳务公司与无雇工的个体工商户与劳务公司签订某一工种的专业作业劳务分包协议；无雇工的个体工商户与劳务公司双方负责人签字盖章的"劳务款结算书""劳务工程量计量确认单"和无雇工的个体工商户业主签字的劳务款收据。

3. 节约社保费用秘诀三、法律依据及实操要点

【秘诀三】

劳务公司让长期与其合作班组长在劳务公司注册地市场监督管理局注册核定征收个税的建筑劳务专业作业的个体工商户，个体工商户到注册所在地的税务部门购买税控机和税控盘，每月给劳务公司开具10万元以下的增值税普通发票。

【法律依据】

（1）个体工商户每月开具10万元以内（按季开30万元以内）的增值税普通发票，免征增值税。《国家税务总局关于小规模纳税人免征增值税政策有关征管问题的公告》（国家税务总局2019年公告第4号）第一条、《财政部 税务总局关于实施小微企业普惠性税收减免政策的通知》（财税

〔2019〕13 号）第一条规定，小规模纳税人发生增值税应税销售行为，合计月销售额未超过 10 万元（以 1 个季度为 1 个纳税期的，季度销售额未超过 30 万元）的，免征增值税。

（2）灵活就业人员的社保政策：不缴纳社保费用。根据全国人大常委会法制工作委员会行政法室编著、中国法制出版社的《中华人民共和国社会保险法解读》的解释，所谓的"灵活就业人员"是指以非全日制、临时性、季节性、弹性工作等灵活多样的形式实现就业的人员，包括无雇工的个体工商户、非全日制从业人员以及律师、会计师、自由撰稿人、演员等自由职业者等。

《中华人民共和国社会保险法》（中华人民共和国主席令第 35 号）第十条第二款和第二十三条第二款规定，灵活就业人员可以参加职工基本医疗保险和基本养老保险，由个人按照国家规定缴纳基本养老保险费用和基本医疗保险费。

《中华人民共和国社会保险法》（中华人民共和国主席令第 35 号）第五十八条第二款和第六十条第二款规定，自愿参加社会保险的灵活就业人员，应当向社会保险经办机构申请办理社会保险登记。可以直接向社会保险费征收机构缴纳社会保险费。

《国务院关于印发医药卫生体制改革近期重点实施方案（2009~2011 年）的通知》（国发〔2009〕12 号）进一步明确，积极推进城镇非公有制经济组织从业人员、灵活就业人员和农民工参加城镇职工医疗保险，灵活就业人员自愿选择参加城镇职工医疗保险或城镇居民医疗保险，参加城镇职工医疗保险有困难的农民工，可以自愿选择参加城镇居民医疗保险或户籍所在地的新型农村合作医疗。

《国务院办公厅关于印发降低社会保险费率综合方案的通知》（国办发〔2019〕13 号）第三条规定："个体工商户和灵活就业人员参加企业职工基本养老保险，选择适当的缴费基数。"

基于以上法律规定，灵活就业人员可以不缴纳社保费用。如果灵活就业人员自愿缴纳社保费用，则灵活就业人员只能参加基本养老保险和基本医疗保险，应当向社会保险经办机构申请办理社会保险登记，可以在本省全口径城镇单位就业人员平均工资的 60%~300%选择最低的社保费用基数，直接向社会保险费征收机构缴纳社保费用。

【实操要点】

第一，劳务公司让长期与其合作班组长在劳务公司所在地或工程施工所在地市场监督管理局注册一个专门从事某一建筑工种的专业作业劳务的个体工商户。

第二，注册无雇工的个体工商户后，到注册地的税务部门购买税控机和税控盘，每月给劳务公司开具 10 万元以下的增值税普通发票，享受免增值税的红利。

温馨提示

根据《国家税务总局关于小规模纳税人免征增值税政策有关征管问题的公告》（国家税务总局 2019 年公告第 4 号）和《国家税务总局关于扩大小规模纳税人自行开具增值税专用发票试点范围等事项的公告》（国家税务总局公告 2019 年第 8 号）的规定，小规模的个体工商户也可以对外开具增值税专用发票，但是开具增值税专用发票不可以享受每月开具 10 万元（按季度开具 30 万元）以下的增值税普通发票免增值税的税收优惠政策。

第三，劳务公司与个体工商户签订专业作业劳务分包合同。

第四，无雇工的个体工商户的个人所得税都是按照当地税务部门的政策规定，选择核定应税所得率或核定定额征收个人所得税。

例如，《国家税务总局内蒙古自治区税务局关于核定征收个人所得税有关问题的公告》（国家税务总局内蒙古自治区税务局公告 2018 年第 19 号）规定，收入总额不超过 90000 元/季（30000 元/月）的，不缴纳个人所得税。建筑房地产的个人所得税核定征收率为 1.2%。

《国家税务总局吉林省税务局关于经营所得项目个人所得税核定征收有关问题的公告》（国家税务总局吉林省税务局公告 2019 年第 1 号）规定，月收入额在 5 万元（含）以下的核定征收率为 0，即月收入额 5 万以下的个体工商户不交个人所得税。月收入在 5 万~10 万元的个人核定征收率为 0.5%，月收入额 10 万以上的个人核定征收率为 1.2%。

《国家税务总局广西壮族自治区税务局关于经营所得核定征收个人所得税有关事项的公告》（国家税务总局广西壮族自治区税务局公告 2018 年第 23 号）规定：按月 30000 元（含）以下，或按季 90000 元（含）以下的个体工商户的个人所得税的核定征收率为 0，即按月 30000 元（含）以下，或按季 90000 元（含）以下的个体工商户不交个人所得税。按月 30000 元（不含）

至 50000 元（含），或按季 90000 元（不含）至 150000 元（含）的个人所得税的核定征收率为 0.5%。

《国家税务总局海南省税务局关于经营所得核定征收个人所得税有关问题的公告》（国家税务总局海南省税务局公告 2018 年第 15 号）规定，凡不符合查账征收条件的个体工商户业主，核定的应税收入不高于 90000 元/季的，附征率为 0；核定的应税收入高于 90000 元/季的，全额征收个人所得税。即在海南省行政范围内，不符合查账征收条件的个体工商户业主每季的应税收入不高于 90000 元（含），不征个人所得税。

《国家税务总局深圳市税务局关于经营所得核定征收个人所得税有关问题的公告》（国家税务总局深圳市税务局公告 2019 年第 3 号）规定，凡不符合查账征收条件的个体工商户业主，月度经营收入 10 万元（含）以下，征收率为 0；月度经营收入 10 万元以上至 30 万元（含）以下的，征收率为 0.8%；月度经营收入 30 万元以上的，征收率为 1%。

第五，个体户与劳务公司签订专业作业劳务分包合同或劳务承包合同或劳务协作、合作协议；个体工商户与农民工签订灵活就业协议书。

4. 节约社保费用的秘诀四、法律依据和实操要点

【秘诀四】

劳务公司与班组长签订劳务承包、劳务分包合同，班组长去税务局代开具"建筑服务——工程劳务"发票给劳务公司入账。

【法律依据】

（1）无须税务登记的个人可以到税务机关代开发票。国家税务总局 2018 年公告第 28 号文件第九条第二款规定：对方为依法无需办理税务登记的单位或者从事小额零星经营业务的个人，其支出以税务机关代开的发票或者收款凭证及内部凭证作为税前扣除凭证。因此，班组长是自然人，没有税务登记，发生业务时应到税务局代开发票给劳务公司入账。

（2）无劳动关系不构成缴纳社保费用的法律要件。《中华人民共和国社会保险法》规定，依法社保登记必须是劳动者与用人单位建立劳动关系，而班组长是个人不是公司，也不是用人单位，其管辖的每一个农民工无法进行社保登记，因此，班组长所管辖的每位农民工不缴纳社保，如果要缴纳社保则由农民工本人回其户口所在地自行缴纳社保费用。关于班组长和其管辖的农民工的个税，在代开发票时，根据当地税务局的规定，按照代开发票的金额（不含增值税）的一定比例代征个人所得税。

【实操要点】

第一，劳务公司与班组长签订专业作业劳务分包、承包、合作、协作合同。

第二，班组长到工程所在地的税务局按照"经营所得（其他自然人从事生产、经营所得）税目"代开增值税普通发票给劳务公司。

第三，班组长到税务局代开发票时，会依据当地税务局的规定，按照开发票金额（不含增值税）的一定比例核定征收个人所得税，劳务公司不再代扣代缴个人所得税。

第四，劳务公司与班组长签订的是劳务关系而不是劳动关系的专业作业分包、承包、合作、协议合同，《中华人民共和国社会保险法》规定，劳务公司不缴纳和承担农民工的社保费用。而自然人的班组长是自然人，不是企业，不是用工主体，其雇用的农民工不缴纳社保费用。

5. 节约社保费用秘诀五、法律依据及实操要点

【秘诀五】

劳务公司与在户口所在地的社保所已经缴纳了农村社保（农村医疗保险和农村养老保险）或城乡居民医疗保险和城乡居民养老保险的农民工签订固定期限的全日制劳动合同或灵活就业协议书。

【法律依据】

《国务院关于印发医药卫生体制改革近期重点实施方案（2009~2011年）的通知》（国发〔2009〕12号）进一步明确，积极推进城镇非公有制经济组织从业人员、灵活就业人员和农民工参加城镇职工医疗保险，灵活就业人员自愿选择参加城镇职工医疗保险或城镇居民医疗保险，参加城镇职工医疗保险有困难的农民工，可以自愿选择参加城镇居民医疗保险或户籍所在地的新型农村合作医疗。基于此规定，进城市务工的农民工，因流动性大而参加城镇职工医疗保险有困难，因此可以自愿选择户籍所在地的新型农村合作医疗。

《失业保险条例》第六条规定，城镇企业事业单位按照本单位工资总额的2%缴纳失业保险费，城镇企业事业单位职工按照本人工资的1%缴纳失业保险费。城镇企业事业单位招用的农民合同工本人不缴纳失业保险费。

《国务院关于建立统一的城乡居民基本养老保险制度的意见》（国发〔2014〕8号）和《国务院关于整合城乡居民基本医疗保险制度的意见》（国发〔2016〕3号）规定，国家将原来农村的"新农合"和城镇居民医疗保险，整合为全国统一的城乡居民医疗保险。从此以前农村的"新农保"和

"新农合"、城镇居民养老保险和医疗保险就不再存在，取而代之的是全国统一的城乡居民养老保险和城乡居民医疗保险制度。

《国务院关于建立统一的城乡居民基本养老保险制度的意见》（国发〔2014〕8号）第三条规定：年满16周岁（不含在校学生），非国家机关和事业单位工作人员及不属于职工基本养老保险制度覆盖范围的城乡居民，可以在户籍地参加城乡居民养老保险。《国务院关于整合城乡居民基本医疗保险制度的意见》（国发〔2016〕3号）第二条第（一）项规定：**城乡居民医保制度覆盖范围包括现有城镇居民医保和新农合所有应参保（合）人员，即覆盖除职工基本医疗保险应参保人员以外的其他所有城乡居民。农民工和灵活就业人员依法参加职工基本医疗保险，有困难的可按照当地规定参加城乡居民医保。各地要完善参保方式，促进应保尽保，避免重复参保。**

基于以上政策规定，进城务工的农民工在建筑领域的工地上工作时间在三个月以下，或者工作时间不到一年的情况下，建筑企业、劳务公司直接与农民工签订一年以下的灵活就业协议，或一年以下的固定期限劳动合同，则农民工可以自愿选择在其户口所在地的社保所购买城乡居民养老保险和城乡居民医疗保险。

【实操要点】

第一，劳务公司与在户口所在地的社保所已经缴纳了农村社保（农村医疗保险和农村养老保险）或城乡居民养老保险和城乡居民医疗保险的农民工签订全日制的劳动合同。

第二，劳务公司让农民工到其缴纳农村社保或城乡社保的社保局打印一份已缴纳社保的流水单，将该已缴纳社保流水单交到劳务公司办公室存档备查。则农民工回到城市务工不需要缴纳城镇职工社保费用，劳务公司也不需要为农民工缴纳社保费用。

第三，或者劳务公司可以在与农民签订全日制劳动合同时，在劳动合同中的"社保费用"条款中约定：劳务公司承担报销农民工在其户口所在的社保所缴纳的社保费用（含国家统筹和个人承担的社保费用），农民工在其户口所在地缴纳的社保费用凭证必须交给劳务公司作为进行财务核算的凭证。

10

"业财税法融合"控税秘籍九：建筑企业（劳务公司）与班组长（包工头）签订专业作业劳务分包合同的合法性分析及其用工形式的法律风险管控策略

目前，经中华人民共和国住房和城乡建设部已批准陕西、安徽、浙江、山东、江苏、青海、黑龙江、江西、贵州、河南、山东、四川 12 个省份推进试点取消建筑劳务资质。取消建筑施工劳务资质审批，设立专业作业企业资质，实行告知备案制。因此，在建筑劳务实践中，存在建筑企业（劳务公司）与班组长（包工头）签订专业作业劳务分包合同，这种作业模式是完全合法的，有关法律依据论述和建筑企业（劳务公司）与班组长（包工头）的用工形式中的法律风险管控策略分析如下：

一、建筑劳务分包与专业作业劳务分包的区别和联系

（一）"专业作业"的法律界定

《国务院办公厅关于促进建筑业持续健康发展的意见》（国办发〔2017〕19 号）第六条第（十二）项规定：**"推动建筑业劳务企业转型，大力发展木工、电工、砌筑、钢筋制作等以作业为主的专业企业。"**《关于培育新时期建筑产业工人队伍的指导意见》（征求意见稿）（建办市函〔2017〕763 号）第二条第（二）项规定：**"鼓励和引导现有劳务班组或有一定技能和经验的班组长成立以作业为主的专业公司或注册个体工商户，作为建筑工人的合法载体，促进建筑业农民工向技术工人转型，提高建筑工人的归属感。"**

基于以上法律政策规定，建筑行业中的"专业作业"是指专门就某一工种：钢筋工、模板工、砼工、砌筑工、抹灰工、架子工、防水工、水电暖安装工、油漆工、外墙保温工等进行的专业作业活动。

（二）建筑劳务分包的法律分类

财〔2016〕36 号附件 2《营业税改征增值税试点有关事项的规定》第一条第（七）项规定，以清包工方式提供建筑服务，是指施工方不采购建筑工程所需的材料或只采购辅助材料，并收取人工费、管理费或者其他费用的建筑服务。基于此规定，建筑劳务分包有两种：清包工分包和纯劳务分包。清包工分包是指施工方只采购辅助材料，并收取人工费、管理费或者其他费用的建筑服务；纯劳务分包是指施工方不采购建筑工程所需的材料（包括主材和辅助材料），只提供人工，收取人工费用、管理费或者其他费用的建筑服务。因此，实践中提及的"劳务分包合同"实际上是指清包工分包合同和纯劳务分包合同。

（三）建筑劳务分包与专业作业劳务分包的区别

根据前面的法律分析，建筑劳务分包包括了专业作业劳务分包，是指某一项建筑工程中的各种工种的劳务总包，实际中主要体现为：建筑劳务公司与施工总承包单位、专业承包单位和专业分包单位签订的各种工种的清包工分包或纯劳务分包。而专业作业劳务分包是针对某一工种而发生的劳务分包。

（四）建筑劳务分包与专业作业劳务分包的联系

建筑劳务公司与施工总承包单位、专业承包单位和专业分包单位签订的各种工种的清包工分包或纯劳务分包可以再进行与班组长（包工头）签订某一工种的专业作业劳务分包是合法行为，而与建筑劳务公司签订某一工种的专业作业劳务分包合同的班组长（包工头）与另外一个班组长（包工头）再签订某一工种的专业作业劳务分包合同是违法分包行为（法律依据：市规〔2019〕1号第12条第（五）项规定："专业作业承包人将其承包的劳务再分包的，是违法分包行为"）。

二、建筑企业（劳务公司）与班组长（包工头）签订专业作业劳务分包合同不属于违法转包，而是合法的专业作业分包行为

有人根据《住房和城乡建设部关于印发建筑工程施工发包与承包违法行为认定查处管理办法的通知》（建市规〔2019〕1号）第八条第（二）项"承包单位将其承包的全部工程肢解以后，以分包的名义分别转给其他单位或个人施工的，属于违法转包行为"，就认为建筑企业（劳务公司）与班组长（包工头）签订专业作业劳务分包合同属于违法转包行为。这是错误的认识，分析如下：

第一，劳务公司不属于建市规〔2019〕1号所界定的"承包单位"。

《住房和城乡建设部关于印发建筑工程施工发包与承包违法行为认定查处管理办法的通知》（建市规〔2019〕1号）第十九条规定，**承包单位包括施工总承包单位、专业承包单位和专业分包单位**。本办法中施工总承包单位、专业承包单位均指直接承接建设单位发包的工程的单位；专业分包单位是指承接施工总承包或专业承包企业分包专业工程的单位。基于此规定，建筑劳务公司不属于建市规〔2019〕1号第八条第（二）项所规定的"承包

单位"。

第二，建筑劳务公司将其承包的各个建筑工种的专业作业建筑劳务分包
给班组长（包工头），而不是将工程分包给班组长（包工头）。

建市规〔2019〕1号第二条、第八条第（二）项"承包单位将其承包的
全部工程肢解以后，以分包的名义分别转给其他单位或个人施工的，属于违
法转包行为"中的"工程"是指房屋建筑和市政基础设施工程及其附属设
施和与其配套的线路、管道、设备安装工程。而劳务公司是将其与施工总承
包单位、专业承包单位和专业分包单位签订的劳务分包合同中的某一工种的
专业作业建筑劳务分包给班组长（包工头）而不是工程（建筑工程必须是
有主材、辅料、机械费用和人工费用的工程）分包。

基于以上两点分析，以建市规〔2019〕1号第八条第（二）项"承包单
位将其承包的全部工程肢解以后，以分包的名义分别转给其他单位或个人施
工的，属于违法转包行为"为依据，得出"建筑企业（劳务公司）与班组
长（包工头）签订专业作业劳务分包合同属于违法转包行为"的结论是错
误的，是错误运用了法律依据。

三、五种违法的建筑劳务分包行为及其合法用工的管理之策

（一）建筑劳务分包的五种违法行为

建市规〔2019〕1号规定，以下五种建筑劳务分包行为是违法的。

（1）专门从事某一工种作业的专业作业劳务公司与施工总承包单位、专
业承包单位和专业分包单位签订的某一工种的专业作业劳务分包合同再分包
给专业作业的班组长、个体工商户、劳务公司是违法分包行为。法律依据：
建市规〔2019〕1号第12条第（五）项规定："专业作业承包人将其承包的
劳务再分包的，是违法分包行为。"

（2）施工总承包单位、专业承包单位和专业分包单位将其承包的工程全
部交给劳务公司、专业作业承包人施工，只向劳务公司、专业作业承包人收
取一定的管理费用的行为是违法转包行为。法律依据：建市规〔2019〕1号
第8条第（五）项规定："专业作业承包人承包的范围是承包单位承包的全
部工程，专业作业承包人计取的是除上缴给承包单位'管理费'之外的全部
工程价款的，是违法转包行为。"

（3）施工总承包单位、专业承包单位和专业分包单位签订劳务分包合

同,在劳务分包合同的"材料和设备"条款约定:劳务施工过程中所需的主要建筑材料由劳务公司购买提供。在劳务款结算时,劳务公司除计取劳务作业费用外,还计取主要建筑材料费用,是违法分包行为。法律依据:《住房和城乡建设部关于印发建筑工程施工发包与承包违法行为认定查处管理办法的通知》(建市规〔2019〕1号)第12条第(四)项规定:"专业分包单位将其承包的专业工程中非劳务作业部分再分包的,是违法分包行为。"

(4)施工总承包单位、专业承包单位和专业分包单位签订劳务分包合同,在劳务分包合同的"材料和设备"条款约定:劳务施工过程中所需的大中型施工机械设备、主要周转材料由劳务公司购买提供。在劳务款结算时,劳务公司除计取劳务作业费用外,还计取主要大中型施工机械设备、主要周转材料费用的,是违法分包行为。法律依据:建市规〔2019〕1号第12条第(六)项规定:"专业作业承包人除计取劳务作业费用外,还计取主要建筑材料款和大中型施工机械设备、主要周转材料费用的,是违法分包行为。"

(5)劳务总承包的劳务公司或建筑企业与班组长签订某一工种的专业作业劳务分包合同后,班组长又将其从劳务公司或建筑企业承包的专业作业劳务分包给另外一个班组长,是违法分包行为。法律依据:建市规〔2019〕1号第12条第(五)项规定:"专业作业承包人将其承包的劳务再分包的,是违法分包行为。"

因此,专业分包单位(即分包人包工包料)可以就专业工程中的所有工种的减招劳务作业部分再进行分包给建筑劳务公司是合法行为。或者专业分包单位(即分包人包工包料)可以就专业工程中的部分辅料和劳务作业部分再进行分包是合法行为。但是,如果劳务公司转型为劳务总承包企业,则劳务总承包企业可以将其承包的劳务分包给从事某一工种的专业作业的劳务企业、作业专业的个体工商户和专业作业的建筑技术工人是合法行为;如果劳务公司转型为专门从事建筑项目工地上的钢筋工、模板工、砼工、砌筑工、抹灰工、架子工、防水工、水电暖安装工、油漆工、外墙保温工等专业作业的劳务专业作业企业,则劳务专业作业企业将其承包的专业作业劳务再分包给专业作业的个体工商户和专业作业的建筑技术工人是违法行为。

(二)建筑劳务用工的四种合法操作之策

1. 操作策略

为了响应落实以上国办发〔2017〕19号和建办市函〔2017〕763号的文件精神,在建筑劳务领域,可以实施以下四种建筑劳务用工形式,操作策略如下：

（1）组建专门从事建筑钢筋工、模板工、砼工、砌筑工、抹灰工、架子工、防水工、水电暖安装工、油漆工、外墙保温工等专业作业劳务的劳务总承包公司，专业作业劳务总承包公司直接聘用农民工从事专业作业建筑劳务。

（2）将劳务班组或有一定技能和经验的班组长成立以某一专业作业为主的个体工商户，个体工商户聘用农民工从事某一专业作业建筑劳务。即实行建筑施工班组员工制，按不同工种组建相应的建筑劳务作业班组企业。

因此，现有建筑企业施工中具有多年实践经验的农民工，完全可以其户口所在地、经常居住地或建筑用工所在地的市场监督管理部门注册为专门从事钢筋工、模板工、砼工、砌筑工、抹灰工、架子工、防水工、水电暖安装工、油漆工、外墙保温工的专业作业个体工商户。

（3）有一定技能和经验的班组长可以在工程所在地税务局设立临时税务登记，然后与建筑企业或劳务公司签订某一工种的专业作业劳务分包合同，班组长聘请农民工一起完成其承包的某一工种的专业作业建筑劳务。

《国家税务总局关于税收征管若干事项的公告》（国家税务总局公告2019年第48号）第二条"关于临时税务登记问题"规定：从事生产、经营的个人应办而未办营业执照，但发生纳税义务的，可以按规定申请办理临时税务登记。基于次规定，自然人只要从事生产、经营活动，即使是临时经营，都可以申请办理临时税务登记证，采取按期纳税的申报方式，充分享受财税〔2019〕13号第一条免税增值税的优惠政策：月销售额10万元以下（含本数）的增值税小规模纳税人，免缴增值税。当然，在办理临时税务登记证后，需严格遵守纳税申报的相关管理规定，按期、如实进行申报。

（4）建筑企业或劳务公司直接跟班组长（包工头）自然人签订某一工种的专业作业建筑劳务分包合同。

2. 结论

通过以上分析，得出以下两点结论：

（1）建筑企业（劳务公司）与班组长（包工头）签订某一工种的专业作业劳务分包合同是合法的。

（2）班组长（包工头）与从事各项工种作业的建筑劳务公司签订某一工种的专业作业劳务分包合同后，与另外的班组长（包工头）再签订该工种的专业作业劳务分包合同是违法行为。

11

"业财税法融合"控税秘籍十：
劳务派遣业务的法务、财务、
税务和社保管理策略

劳务派遣业务涉及相关的法务处理、财务处理、税务处理和社保问题的处理。在新的个税和社保政策下，劳务派遣公司（劳务公司也有劳务派遣业务）与用工单位发生的劳务派遣业务，如何进行合法处理规避法律风险？如何进行合同签订规避社保费用的负担？现分析如下：

一、劳务派遣业务中的法务处理之策

（一）被派遣劳动者、劳务派遣公司（用人单位）和用工单位之间的劳动法律关系

《中华人民共和国劳动合同法》（中华人民共和国主席令第七十三号）第五十八条第二款规定："**劳务派遣单位应当与被派遣劳动者订立二年以上的固定期限劳动合同，按月支付劳动报酬；被派遣劳动者在无工作期间，劳务派遣单位应当按照所在地人民政府规定的最低工资标准，向其按月支付报酬。**"《中华人民共和国劳动合同法》（中华人民共和国主席令第七十三号）第六十三条规定："**被派遣劳动者享有与用工单位的劳动者同工同酬的权利。用工单位应当按照同工同酬原则，对被派遣劳动者与本单位同类岗位的劳动者实行相同的劳动报酬分配办法。用工单位无同类岗位劳动者的，参照用工单位所在地相同或者相近岗位劳动者的劳动报酬确定。**"基于此规定，劳务派遣工享有社会保险待遇，用工单位必须承担被派遣劳务者的工资、福利和社会保险费用。用工单位必须将被派遣劳动者的工资、福利和社会保险费用支付给劳务派遣公司，由劳务派遣公司给被派遣劳动者缴纳社会保险费用。

因此，在用工单位与劳务派遣公司签订劳务派遣合同的情况下，《劳务派遣暂行规定》和《中华人民共和国劳动合同法》规定，被派遣劳动者与劳务派遣公司构成雇佣和被雇佣的劳动关系，被派遣劳动者与用工单位没有构成雇佣和被雇佣的法律关系。

（二）采用劳务派遣多处受限

用工单位通过劳务派遣形式使用被派遣劳动者具有一定的法律风险：采用劳务派遣多处受限，具体规定如下：

1. 用工单位使用的被派遣劳动者数量不得超过用工单位用工总量的 10%

《劳务派遣暂行规定》（人力资源和社会保障部令第 22 号）第四条规

定："用工单位应当严格控制劳务派遣用工数量，使用的被派遣劳动者数量不得超过其用工总量的10%。"所称用工总量是指用工单位订立劳动合同人数与使用的被派遣劳动者人数之和。计算劳务派遣用工比例的用工单位是指依照劳动合同法和劳动合同法实施条例可以与劳动者订立劳动合同的用人单位。

2. 劳务派遣员工只能在"临时性、辅助性、替代性"岗位任职

《劳务派遣暂行规定》（人力资源和社会保障部令第22号）第三条和《中华人民共和国劳动合同法》（中华人民共和国主席令第七十三号）第66条规定，用工单位只能在临时性、辅助性或者替代性的工作岗位上使用被派遣劳动者。临时性工作岗位是指存续时间不超过6个月的岗位；辅助性工作岗位是指为主营业务岗位提供服务的非主营业务岗位；替代性工作岗位是指用工单位的劳动者因脱产学习、休假等原因无法工作的一定期间内，可以由其他劳动者替代工作的岗位。

因此，用工单位（如建筑企业）只有在同时满足以下两个条件的情况下，才能使用劳务派遣工。

第一，使用的被派遣劳动者数量不得超过用工单位（如建筑企业）用工总量的10%。

第二，使用被派遣劳动者只能在"临时性、辅助性、替代性"岗位任职。

3. 劳务派遣业务的资质要求

《中华人民共和国劳动合同法》（中华人民共和国主席令第七十三号）第五十七条规定，经营劳务派遣业务应当具备下列条件：

（一）注册资本不得少于人民币二百万元；
（二）有与开展业务相适应的固定的经营场所和设施；
（三）有符合法律、行政法规规定的劳务派遣管理制度；
（四）法律、行政法规规定的其他条件。

经营劳务派遣业务，应当向劳动行政部门依法申请行政许可；经许可的，依法办理相应的公司登记。未经许可，任何单位和个人不得经营劳务派遣业务。

基于此规定，经营劳务派遣业务的劳务公司必须要取得劳动行政部门的行政许可，未经许可的劳务公司，不可以经营劳务派遣业务。

二、劳务派遣业务的财务处理之策

劳务派遣公司与用工单位如何签订劳务派遣协议？涉及用人单位支付给劳务派遣公司的费用中是否含有被派遣劳动者的工资、社保和福利费用。不同协议签订方法的财务处理是不同的。

（一）劳务派遣合同用工费用的两种签订方式

《国家税务总局关于企业工资薪金和职工福利费等支出税前扣除问题的公告》（国家税务总局公告 2015 年第 34 号）第三条规定："**企业接受外部劳务派遣用工所实际发生的费用，应分两种情况按规定在税前扣除：按照协议（合同）约定直接支付给劳务派遣公司的费用，应作为劳务费支出；直接支付给员工个人的费用，应作为工资薪金支出和职工福利费支出。其中属于工资薪金支出的费用，准予计入企业工资薪金总额的基数，作为计算其他各项相关费用扣除的依据。**"基于此规定，劳务派遣合同中的用工费用有两种不同的合同约定，或者更准确地说，就用工费用的合同约定，劳务派遣合同有以下两种不同的签订技巧。

（1）在劳务派遣合同中的"合同价款"条款约定：用工单位给劳务派遣公司总的劳务派遣费用（包括劳务派遣公司支付给被派遣者的工资、福利和社保费用）为：×××元（不含增值税），增值税金额为×××元。

（2）在劳务派遣合同中的"合同价款"条款分别约定：用工单位给劳务派遣公司支付手续费用、管理费为：×××元（不含增值税），增值税金额为×××元。用工单位直接支付给被派遣劳动者的工资、福利和社保费用为：×××元（不含增值税），增值税金额为×××元。

（二）财务核算

《企业会计准则第 9 号——职工薪酬》（财会〔2014〕8 号）第三条规定：**职工，是指与企业订立劳动合同的所有人员，含全职、兼职和临时职工，也包括虽未与企业订立劳动合同但由企业正式任命的人员。未与企业订立劳动合同或未由其正式任命，但向企业所提供服务与职工所提供服务类似的人员，也属于职工的范畴，包括通过企业与劳务中介公司签订用工合同而向企业提供服务的人员。**

基于《企业会计准则第 9 号——职工薪酬》（财会〔2014〕8 号）第三

条和《国家税务总局关于企业工资薪金和职工福利费等支出税前扣除问题的公告》（国家税务总局公告 2015 年第 34 号）第三条的规定，用工单位与劳务派遣公司签订劳务派遣合同的会计核算如下：

第一，如果用工单位（如建筑企业）与劳务派遣公司签订的劳务派遣合同中只约定：给劳务派遣公司总的劳务派遣费用（包括劳务派遣公司支付给被派遣者的工资、福利和社保费用），则用工单位（如建筑企业）直接支付给劳务派遣公司总的费用（不含劳务派遣公司收取劳务派遣费用中的增值税进项税额）在"管理费用——劳务费"科目核算；劳务派遣公司收取劳务派遣费用中的增值税进项税额在"应交税费——应交增值税（销项税额）"科目核算。

第二，如果用工单位（如建筑企业）与劳务派遣公司签订的劳务派遣合同在劳务派遣合同中约定：用工单位给劳务派遣公司支付手续费用、管理费为×××元（不含增值税），增值税金额为×××元。用工单位直接支付给被派遣劳动者的工资、福利和社保费用为×××元（不含增值税），增值税金额为×××元。则用工单位（如建筑企业）直接支付给被派遣劳动者的工资、福利和社保费用，在"应付职工薪酬——工资"科目核算。支付给劳务派遣公司的劳务派遣费用在"管理费用——劳务派遣费用"科目核算。

三、劳务派遣业务的税务处理之策

（一）企业所得税的处理

劳务派遣业务的税务处理涉及用人单位和劳务派遣单位的企业所得税的处理，具体处理如下：

1. 用工单位企业所得税的处理

《国家税务总局关于企业工资薪金和职工福利费等支出税前扣除问题的公告》（国家税务总局公告 2015 年第 34 号）第三条规定："**企业接受外部劳务派遣用工所实际发生的费用，应分两种情况按规定在税前扣除：按照协议（合同）约定直接支付给劳务派遣公司的费用，应作为劳务费支出；直接支付给员工个人的费用，应作为工资薪金支出和职工福利费支出。其中属于工资薪金支出的费用，准予计入企业工资薪金总额的基数，作为计算其他各项相关费用扣除的依据。**"其中"各项相关费用"是指工会经费、教育经费和职工福利费用。"直接支付给员工个人的费用"是指用工单位将工资、社会保险和福利费用直接支付给被派遣劳动者, 而不是支付给劳务派遣公司, 再由劳务派遣公司支付给被派遣劳动者。

基于以上税收政策文件的规定, 用人单位的企业所得税处理如下:

第一, 如果按照第一种合同签订技巧签订的劳务派遣协议, 则用工单位 (如建筑企业) 直接支付给劳务派遣公司的总费用 (不含劳务派遣公司收取劳务派遣费用中的增值税进项税额), 直接凭借劳务派遣公司开给用工单位的劳务管理费发票进成本, 在用工单位的企业所得税前扣除。

第二, 如果按照第二种合同签订技巧签订的劳务派遣协议, 则用工单位 (如建筑企业) 直接支付给被派遣劳动者的工资、福利和社保费用凭借支付工资表、社保缴纳凭证和支付给劳务派遣公司的劳务派遣费用, 凭劳务派遣公司开给用工单位的发票在用工单位的企业所得税前扣除。

2. 劳务派遣单位的企业所得税处理

第一, 如果按照第一种合同签订技巧签订的合同, 则劳务派遣公司收取用人单位的劳务派遣费用 (包括劳务派遣公司支付给被派遣者的工资、福利和社保费用), 作为收入依法缴纳企业所得税, 支付给被劳务派遣者的工资、社保和福利作为费用在劳务派遣公司的企业所得税前扣除。

第二, 如果按照第二种合同签订技巧签订的合同, 则劳务派遣公司收取用人单位的手续费和管理费作为收入依法缴纳企业所得税。

(二) 增值税的处理之策

1. 劳务派遣公司的增值税处理

《财政部 国家税务总局关于进一步明确全面推开营改增试点有关劳务派遣服务、收费公路通行费抵扣等政策的通知》(财税〔2016〕47号) 第一条规定, 劳务派遣公司的增值税处理可以分为两种情况:

(1) 劳务派遣公司可以选择一般计税方法计算缴纳增值税。即一般纳税人的劳务派遣公司按照从用人单位取得的全部价款和价外费用 [销售额÷(1+6%)×6%] 计算增值税销项税额。

(2) 可以选择差额纳税, 一般纳税人或小规模纳税人的劳务派遣公司以取得的全部价款和价外费用, 扣除代用工单位支付给劳务派遣员工的工资、福利和为其办理社会保险及住房公积金后的余额为销售额, 按照简易计税方法依5%的征收率计算缴纳增值税。

2. 用工单位的增值税处理之策

(1) 如果劳务派遣公司选择一般计税方法计算缴纳增值税, 则用工单位

(如建筑企业）凭劳务派遣公司开具的增值税专用发票抵扣 6% 的增值税进项税额。

（2）如果劳务派遣公司选择差额纳税计算缴纳增值税，则用工单位（如建筑企业）凭劳务派遣公司通过新系统中差额征税开票功能，开具备注栏自动打印"差额征税"字样的增值税发票，抵扣劳务派遣费用中 5% 的增值税进项税额。

（三）劳务派遣业务的发票开具方法

《国家税务总局关于全面推开营业税改征增值税试点有关税收征收管理事项的公告》（国家税务总局公告 2016 年第 23 号）第四条第（二）项规定："按照现行政策规定适用差额征税办法缴纳增值税，且不得全额开具增值税发票的（财政部、税务总局另有规定的除外），纳税人自行开具或者税务机关代开增值税发票时，通过新系统中差额征税开票功能，录入含税销售额（或含税评估额）和扣除额，系统自动计算税额和不含税金额，备注栏自动打印'差额征税'字样，发票开具不应与其他应税行为混开。"

《财政部 国家税务总局关于进一步明确全面推开营改增试点有关劳务派遣服务、收费公路通行费抵扣等政策的通知》（财税〔2016〕47 号）第一条第三款规定，选择差额纳税的纳税人，向用工单位收取用于支付给劳务派遣员工工资、福利和为其办理社会保险及住房公积金的费用，不得开具增值税专用发票，可以开具普通发票。

《增值税发票开具指南》第三章第五节第二条规定，纳税人提供劳务派遣服务，选择差额纳税的，向用工单位收取用于支付给劳务派遣员工工资、福利和为其办理社会保险及住房公积金的费用，不得开具增值税专用发票，可以开具增值税普通发票。

《增值税发票开具指南》第三章第八节第一条规定，纳税人或者税务机关通过增值税发票管理系统中差额征税开票功能开具增值税发票时，录入含税销售额（或含税评估额）和扣除额，系统自动计算税额和不含税金额，备注栏自动打印"差额征税"字样，发票开具不应与其他应税行为混开。

基于以上劳务派遣业务开具劳务派遣发票的税法规定，具有劳务派遣资质的劳务公司，在建筑企业具备使用劳务派遣工的两个必备条件的情况下，劳务派遣公司向建筑企业开具规范、合法的劳务派遣发票的方法归纳如下：

第一，开具发票必须遵循的原则：劳务派遣发票的开具必须与劳务派遣协议相匹配。

与劳务派遣合同不相匹配的劳务派遣发票，要么是没有真实交易的虚开发票，要么是与开票金额、开票形式与真实的交易不符合，即都是不规范的合法票据。因此，如果劳务派遣发票的开具与劳务派遣协议不相匹配，则建筑企业收到劳务派遣公司开具的劳务派遣发票不可以在企业所得税前扣除。

第二，劳务公司（一般纳税人）选择差额征收增值税（简易计税方法）的规范、合法开具劳务派遣发票的方法。

如果建筑企业与劳务派遣公司按照上文所介绍的"第一种合同签订技巧"所签订的劳务派遣协议，则劳务派遣公司向建筑企业（用工单位）有两种开票方法：

第一种差额征税开票方法：劳务派遣公司通过增值税发票管理系统中差额征税开票功能开具增值税发票，录入向建筑企业收取的含税销售额（总的劳务派遣合同金额）和扣除额（劳务派遣公司支付给被派遣者的工资、福利和社保费用），系统自动计算税额和不含税金额，备注栏自动打印"差额征税"字样。其中，发票上的"税额"为：（总的劳务派遣合同金额−劳务派遣公司支付给被派遣者的工资、福利和社保费用）÷(1+5%)×5%，"不含税金额"为：总的劳务派遣合同金额÷(1+5%)。

第二种差额征税开票方法：劳务派遣公司通过增值税发票管理新系统中正常开票功能，开具增值税发票。向建筑企业收取含增值税金额的（总劳务派遣合同金额−劳务派遣公司支付给被派遣者的工资、福利和社保费用）给建筑企业开具5%的增值税专用发票，劳务派遣公司支付给被派遣者的工资、福利和社保费用给建筑企业开具5%的增值税普通发票。

第三，如果建筑企业与劳务派遣公司按照上文所介绍的"第二种合同签订技巧"所签订的劳务派遣协议，则劳务派遣公司通过增值税发票管理新系统中正常开票功能，以向建筑企业收取的劳务派遣管理费、手续费依6%的税率全额开具增值税专用发票。

第四，如果劳务派遣公司（一般纳税人）选择一般计税方法征税，且建筑企业与劳务派遣公司按照上文所介绍的"第一种合同签订技巧"所签订的劳务派遣协议，则劳务派遣公司通过增值税发票管理新系统中正常开票功能，以取得的全部价款和价外费用依6%的税率全额开具增值税专用发票。

(四) 被派遣劳动者的个人所得税处理

(1) 用工单位（非建筑企业）使用劳务派遣公司派出的被派遣劳动者，

203

则被派遣劳动者的个人所得税按照《中华人民共和国个人所得税法》及其实施条例的规定，由劳务派遣公司实施累计预扣法，向劳务派遣公司注册地的税务局，按月预扣预缴被派遣劳动者的个人所得税。

（2）建筑企业使用劳务派遣公司派出的被派遣劳动者，则被派遣劳动者（农民工）的个人所得税，根据国家税务总局公告2015年第52号的规定，总承包企业和分承包企业通过劳务派遣公司聘用劳务人员跨省异地工作期间的工资、薪金所得个人所得税，由劳务派遣公司依法向工程作业所在地税务机关，实施累计预扣法，按月预扣预缴被派遣劳动者的个人所得税。

案例分析

某劳务派遣合同中不同用工费用条款约定的财税处理

一、情况介绍

甲企业与某劳务派遣公司签订两份劳务派遣协议，协议都要求劳务派遣公司给甲企业派遣劳动者，甲企业给劳务派遣公司支付劳务派遣费用和被派遣者的工资、社会保险费用。其中第一份劳务派遣协议用工费用约定：甲企业支付劳务派遣公司总费用200万元（其中含劳务派遣公司支付给被派遣劳动者工资100万元，支付给被派遣者社会保险费用50万元）；第二份劳务派遣协议约定：甲企业直接支付劳务派遣公司劳务派遣费用50万元，直接支付被派遣劳动者工资100万元，直接支付被派遣者社会保险费用50万元。基于该两份劳务派遣协议中用工费用的约定，甲企业如何进行账务和税务处理？（假设劳务派遣公司选择差额纳税计算增值税）

二、财税分析

财税〔2016〕47号第二条规定，选择差额纳税的纳税人，向用工单位收取用于支付给劳务派遣员工工资、福利和为其办理社会保险及住房公积金的费用，不得开具增值税专用发票，可以开具普通发票。同时，根据笔者提出的合同控税理论：合同与企业的账务处理相匹配；合同与企业的税务处理相匹配。本案例中的甲企业，基于劳务派遣协议用工费用约定的财税处理分析如下：

1. 劳务派遣协议用工费用的账务处理

第一份劳务派遣协议中用工费用的账务处理：

借：管理费用——劳务派遣费用 　　　　　　　　　　1976190

　　应交增值税——应交增值税（进项税额）

　　　　　　　　　　23810［500000÷（1+5%）×5%］

　　贷：银行存款 　　　　　　　　　　　　　　　2000000

第二份劳务派遣协议中用工费用的账务处理：

借：管理费用——劳务派遣费用 　　　　　　　　　　476190

　　应交增值税——应交增值税（进项税额）

　　　　　　　　　　23810［500000÷（1+5%）×5%］

　　应付职工薪酬——工资 　　　　　　　　　　　1000000

　　应付职工薪酬——社会保险费用 　　　　　　　　500000

　　贷：银行存款 　　　　　　　　　　　　　　　2000000

其中，劳务派遣公司向用工单位甲开具500000元的增值税专用发票和1500000元的增值税普通发票。

2. 劳务派遣协议用工费用的税务处理

第一份劳务派遣协议中用工费用的税务处理：

200万元劳务派遣费用直接作为"管理费用——劳务费"在甲企业的企业所得税前扣除。

第二份劳务派遣协议中用工费用的税务处理：

50万元劳务派遣费用直接作为"管理费用——劳务费"，在甲企业的企业所得税前扣除；100万元作为工资费用在甲企业的企业所得税前扣除，同时作为甲企业的工资薪金总额基数，计算工会经费、职工福利费和教育经费在企业所得税前扣除。

四、劳务派遣公司节约社保费用之策

（一）法律依据分析

1. 劳务派遣业务中社保费用的缴纳义务人：劳务派遣公司和被派遣劳动者

《劳务派遣暂行规定》（中华人民共和国人力资源和社会保障部令第22号）第五条规定："劳务派遣单位应当依法与被派遣劳动者订立2年以上的

固定期限书面劳动合同。"同时,《劳务派遣暂行规定》第八条关于"劳务派遣单位应当对被派遣劳动者履行下列义务"中的第(四)项规定:"按照国家规定和劳务派遣协议约定,依法为被派遣劳动者缴纳社会保险费,并办理社会保险相关手续。"基于此政策文件规定,在劳务派遣业务中,劳务派遣公司(用人单位)与用工单位(劳务派遣工使用方)签订劳务派遣协议,劳务派遣公司(用人单位)与被派遣劳动者签订劳动合同。劳务派遣公司必须缴纳社保费用,被派遣劳动者的社保费用由劳务派遣公司代扣代缴。

2. 跨地区劳务派遣社会保险的缴纳地点、缴纳标准和社保缴纳义务人

《劳务派遣暂行规定》(中华人民共和国人力资源和社会保障部令第22号)第十八条和第十九条规定,跨地区劳务派遣的社会保险的缴纳地点、缴纳标准和社保缴纳义务人如下:

(1)跨地区劳务派遣社会保险的缴纳地点、缴纳标准。劳务派遣单位跨地区派遣劳动者的,应当在用工单位所在地为被派遣劳动者参加社会保险,按照用工单位所在地的规定缴纳社会保险费,被派遣劳动者按照国家规定享受社会保险待遇。

(2)跨地区劳务派遣社会保险的缴纳义务人:劳务派遣公司和被派遣劳务者。劳务派遣单位在用工单位所在地设立分支机构的,由分支机构为被派遣劳动者办理参保手续,缴纳社会保险费。劳务派遣单位未在用工单位所在地设立分支机构的,由用工单位(劳务派遣工使用方)代劳务派遣单位(用人单位)为被派遣劳动者办理参保手续,缴纳社会保险费。

3. 劳务派遣公司社保费用的缴纳基数界定

《中华人民共和国劳动和社会保障部社会保险事业管理中心关于规范社会保险缴费基数有关问题的通知》(劳社险中心函〔2006〕60号)第二条第4项中的第(10)款规定,使用劳务输出机构提供的劳务工,其人数和工资按照"谁发工资谁统计"的原则,如果劳务工的使用方不直接支付劳务工的工资,而是向劳务输出方支付劳务费,再由劳务输出方向劳务工支付工资,应由劳务输出方统计工资和人数;如果劳务工的使用方直接向劳务工支付工资,则应由劳务使用方统计工资和人数。输出和使用劳务工单位的缴费基数以谁发工资谁计算缴费基数的原则执行〔国家统计局《关于印发2004年劳动统计年报新增指标解释及问题解答的通知》(国统办字〔2004〕48号)〕。

《中华人民共和国劳动和社会保障部社会保险事业管理中心关于规范社会保险缴费基数有关问题的通知》(劳社险中心函〔2006〕60号)第四条第(十一)项和第(十六)项规定,劳务派遣单位收取用工单位支付的人员工资以外的手续费和管理费不计入工资总额，在计算社保费用的缴费基数时应予剔除。

因此，基于以上社保政策规定，劳务派遣公司（劳务输出方）社保的缴纳基数分为三种情况处理：

（1）如果劳务派遣公司与用工单位（劳务工的使用方）签订劳务派遣合同约定："用工单位（劳务工的使用方）不直接支付劳务工的工资，而是向劳务派遣公司（劳务输出方）支付劳务费，再由劳务派遣公司（劳务输出方）向劳务工支付工资。"则劳务派遣公司（劳务输出方）向劳务工支付的工资要作为劳务派遣公司计算缴纳社保的工资基数。

（2）如果劳务派遣公司与用工单位（劳务工的使用方）签订劳务派遣合同约定："用工单位（劳务工的使用方）直接向劳务派遣公司派出的劳务工支付工资的同时，用工单位还向劳务派遣公司直接支付手续费和管理费。"则用工单位（劳务工的使用方）直接向劳务派遣公司派出的劳务工支付的工资要作为用工单位计算缴纳社保的工资基数。

（3）劳务派遣单位收取用工单位支付的人员工资以外的手续费和管理费，不计入工资总额，在计算社保费用的缴费基数时应予剔除。

（二）劳务派遣业务中社保问题的处理

通过以上政策分析，劳务派遣业务中的社保处理如下：

（1）被派遣劳动者与劳务派遣公司构成雇佣与被雇佣的劳动关系，被派遣劳动者社保费用的社会统筹部分由劳务派遣公司缴纳并记入社会统筹账户，被派遣劳动者个人承担部分的社保费用由劳务派遣公司代扣代缴。

（2）如果劳务派遣公司与用工单位签订的劳务派遣协议中约定：用工单位给劳务派遣公司总的劳务派遣费用（包括劳务派遣公司支付给被派遣劳动者的工资、福利和社保费用），则劳务派遣公司（劳务输出方）无论在本地派遣还是跨地区派遣，都要为与其构成雇佣与被雇佣关系的被派遣劳动者（派遣劳务工），缴纳社会统筹部分的社保费用，被派遣劳动者的社保费用由劳务派遣公司代扣代缴。

（3）如果劳务派遣公司与用工单位签订的劳务派遣协议中约定：用工单位直接支付劳务派遣公司劳务派遣费用。同时直接支付被派遣劳动者的工资、福利和社保费用，则在新的个税和社保政策下，由用工单位（劳务派遣工使用方）代劳务派遣单位（用工单位）为被派遣劳动者办理参保手续，缴纳社会保险费。即劳务派遣工社保费用的社会统筹部分由用工单位依法缴纳，记入被派遣劳动者的社会统筹账户，被派出劳务工的社保费用由用工单位代扣代缴。用工单位支付给被派遣劳动者的而社保费用必须从用工单位支付给被派遣劳动者的工资中进行扣除。

(三) 劳务派遣业务中社保费用的节约之策

为了节约劳务派遣公司的社保费用负担，提出以下节约社保费用的策略。

1. 用人单位节约社保费用的策略

基于用人单位直接支付被派遣劳动者工资要计入用工单位建社保费用的工资总额基数而将多交社保费用的考虑，用人单位节约社保费用的策略是：用人单位与劳务派遣公司签订劳务派遣协议时，必须在合同中约定以下内容：

第一，在劳务派遣协议的"价格"条款约定：用工单位给劳务派遣公司总的劳务派遣费用（包括劳务派遣公司收取用工单位的手续费、管理费，劳务派遣公司支付给被派遣劳动者的工资、福利和社保费用）。

第二，在劳务派遣协议的"发票开具"条款约定：劳务派遣公司向用人单位开具6%的增值税专用发票（在劳务派遣公司是一般纳税人的情况下）或3%的增值税专用发票（在劳务派遣公司是增值税小规模纳税人的情况下）。或者约定：劳务派遣公司通过新系统中差额征税开票功能，将向用工单位收取的全部费用减去支付给被派遣劳动者的工资、社保和福利费用的差额，向用人单位开具发票"备注栏"自动打印"差额征税"字样的5%的增值税专用发票（在劳务派遣公司是一般纳税人的情况下）。

2. 劳务派遣公司节约社保费用的策略

基于《中华人民共和国劳动和社会保障部社会保险事业管理中心关于规范社会保险缴费基数有关问题的通知》（劳社险中心函〔2006〕60号）第四条第（十一）项和第（十六）项的规定，劳务派遣单位收取用工单位支付的人员工资以外的手续费和管理费不计入工资总额，在计算社保费用的缴费基数时应予剔除的考虑，劳务派遣公司节约社保费用的策略是：用人单位与劳务派遣公司签订劳务派遣协议时，必须在合同中约定以下内容：

第一，在劳务派遣协议的"价格"条款约定：用工单位给劳务派遣公司支付手续费、管理费为×××元（不含增值税），增值税金额为×××元。支付给劳务派遣公司支付给被派遣劳动者的工资、福利和社保费用×××元（不含增值税），增值税金额为×××元。

第二，在劳务派遣协议的"发票开具"条款约定：劳务派遣公司向用人单位开具6%的增值税专用发票（劳务派遣公司是一般纳税人的情况下）或3%的增值税专用发票（劳务派遣公司是增值税小规模纳税人的情况下）。或者约定：劳务派遣公司通过新系统中差额征税开票功能，向用人单位开具发票"备注栏"自动打印"差额征税"字样的5%的增值税专用发票（劳务派遣公司是一般纳税人的情况下）。

12

"业财税法融合"控税秘籍十一：
建筑业"二类"农民工工资发放策略
及其"八种"支付形式的财税
风险管控策略

一、建筑业"二类"农民工工资发放策略及其"八种"支付形式

根据《保障农民工工资支付条例》（中华人民共和国国务院令第724号）、《中华人民共和国个人所得税法》、《中华人民共和国劳动合同法》，在建筑企业、劳务公司与农民工之间的用工关系下，农民工工资发放策略与工资支付形式概括为"二类"农民工工资发放策略及其"八种"支付形式。

（一）第一类农民工工资发放策略及其"五种"支付形式

第一类农民工工资发放策略：通过设立农民工工资专用账户发放农民工工资。具体分为以下五种工资支付形式。

第一种：通过设立农民工工资专用账户的建筑企业总承包单位代发与其签订劳务分包合同的劳务公司直接雇用的农民工工资。

第二种：通过设立农民工工资专用账户的建筑企业总承包单位发放其直接雇用的农民工工资。

第三种：通过设立农民工工资专用账户的建筑企业总承包单位代发与其签订专业分包合同的专业承包建筑公司直接雇用的农民工工资。

第四种：通过设立农民工工资专用账户的建筑专业承包单位代发与其签订劳务分包合同的劳务公司直接雇用的农民工工资。

第五种：通过设立农民工工资专用账户的建筑企业总承包单位代发与其签订专业劳务分包合同的班组长（包工头）直接雇用的农民工工资。

以上五种农民工工资的支付形式如图68所示。

（二）第二类农民工工资发放策略及其"三种"支付形式

第二类农民工工资发放策略：不设立农民工工资专用账户，直接通过建筑公司或劳务公司发放农民工工资策略。具体分为以下三种工资支付形式。

第一种：通过建筑企业或劳务公司的银行基本账户或结算账户将农民工工资直接转入与农民工手机号绑定的农民工工资卡。

第二种：建筑企业或劳务公司以现金的形式直接发放到农民工本人手中。

第三种：建筑企业或劳务公司将农民工工资支付给班组长（包工头），然后由班组长（包工头）直接以现金形式支付给农民工本人。

213

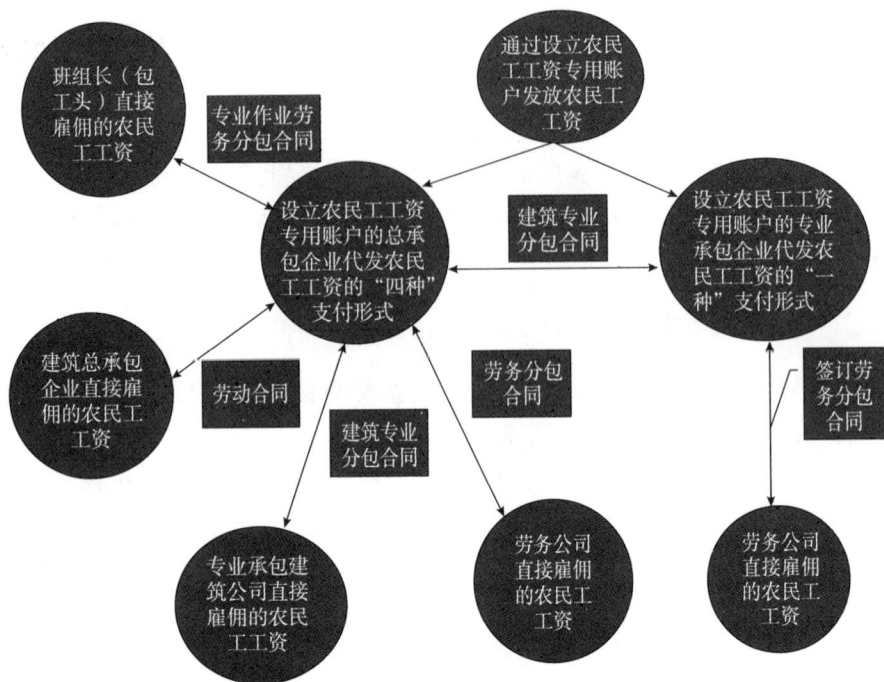

图 68

以上三种农民工工资的支付形式如图 69 所示。

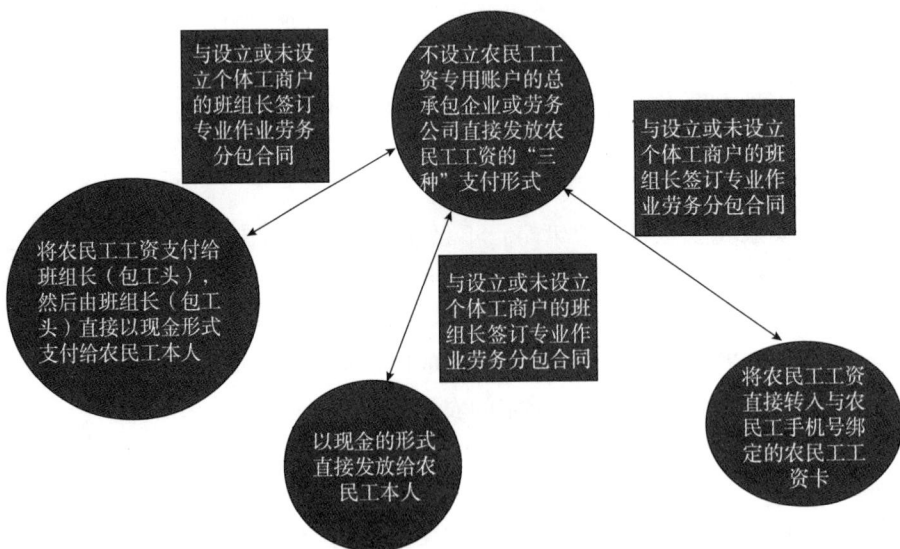

图 69

二、与农民工签订固定期限劳动合同且通过农民工工资专用账户发放农民工工资业务模式下的财税法处理

（一）与农民工签订固定期限劳动合同且通过农民工工资专用账户发放农民工工资业务模式下的法务处理

在与农民工签订固定期限劳动合同且通过农民工工资专用账户发放农民工工资的业务模式下，涉及的法务处理体现在以下两方面：

第一，如果设立农民工工资专用账户的建筑总承包方与建筑劳务公司签订劳务分包合同或者与建筑专业分包方签订专业分包合同，农民工与劳务公司或建筑专业分包方签订固定期限劳动合同，则农民工与劳务公司或建筑专业分包方构成法律上的雇用与被雇用的关系，农民工设立农民工工资专用账户的建筑总承包方没有构成法律上的雇用与被雇用的关系。农民工的个税与社保费用由劳务公司或建筑专业分包方代扣代缴。

第二，如果设立农民工工资专用账户的建筑总承包方直接与农民工签订固定期限的劳动合同，则农民工与设立农民工工资专用账户的建筑总承包方构成法律上的雇用与被雇用的关系。农民工的个税和社保费用由设立农民工工资专用账户的建筑总承包方代扣代缴。

（二）设立农民工工资专用账户的建筑总承包方与建设单位或业主之间的会计核算和凭证管理（财税处理）

（1）当建设单位与建筑总承包方结算工程进度款，按照工程进度款的一定比例拨付农民工工资到农民工工资专用账户，并且收到一部分工程进度款时，建筑总承包方的会计核算：

借：银行存款——总承包方基本户
　　　　　　——建筑总承包方农民工工资专用账户
　　应收账款——建设单位拖欠的部分工程结算进度款（建筑合同中约定拖欠的部分工程款到工程最后验收合格后再进行支付）
　　贷：合同结算——价款结算［总承包方与建设单位结算的进度款÷（1+9%）］
　　　　应交税费——待转销项税额［建设单位拖欠的部分工程结算进

度款÷（1+9%）］

——应交增值税（销项税额）［总承包方收到的部分
工程结算进度款（含拨付农民工工资专用账户的
农民工工资）÷（1+9%）×9%］

工程竣工验收合格后，建设单位支付总承包方拖欠的工程进度款时，建
筑总承包方的会计核算：

借：应交税费——待转销项税额［建设单位拖欠的部分工程结算进度款÷
（1+9%）］

贷：应交税费——应交增值税（销项税额）

（2）会计核算的凭证管理。设立农民工工资专用账户的建筑企业总承包
方的会计核算凭证管理如下：

第一，建设单位或业主提供其开户行盖章的划拨农民工工资到总承包方
农民工工资专用账户的银行流水单。

第二，建筑总承包方与建设单位或业主双方签字确认的工程进度计量确
认单或工程进度结算单。

第三，建筑总承包方、建设单位（业主）和农民工工资专用账户银行签
订的三方农民工工资托管协议书，或者建筑专业分包方、建筑总承包方、建设
单位（业主）和农民工工资专用账户银行签订的四方农民工工资托管协议书。

**(三) 第一种农民工工资支付形式下建筑企业总承包方与劳务公司之
间的会计核算和凭证管理（财税处理）**

当建筑总承包方与劳务公司之间结算工程进度款，按照工程进度款的一
定比例通过农民工工资专用账户代发农民工工资，同时支付劳务公司一部分劳
务款，拖欠另一部分劳务款时的会计核算。

**1. 建筑企业总承包方发生劳务分包工程结算的会计核算（劳务公司
向建筑总承包方开增值税专用发票）及凭证管理**

（1）会计核算。

借：合同履约成本——劳务分包合同成本

应交税费——应交增值税（待认证抵扣进项税额）［（支付劳务公司
部分劳务款+通过农民工工资专用账户代发农民工工
资）÷（1+3%）×3%］

贷：应付账款（建筑分包合同中约定拖欠的部分劳务款到工程最后
验收合格后再进行支付）

　　银行存款——通过总承包方农民工工资专用账户代发农民工工资

　　　　　　——支付劳务公司部分劳务款

当建筑企业总承包方认证抵扣增值税专用发票时的会计核算：

借：应交税费——应交增值税（进项税额）

　　贷：应交税费——应交增值税(待认证抵扣进项税额)［（支付劳务

　　　　　　公司部分劳务款+通过农民工工资专用账户代发

　　　　　　农民工工资）÷(1+3%)×3%］

（2）会计核算凭证管理。

　　第一，劳务公司提供的其盖章且经农民工本人签字的农民工工资表、农民工工时考勤表、身份证复印件。

　　第二，劳务公司与建筑总承包方双方签字的劳务款进度结算单或工程劳务计量确认单。

　　第三，劳务公司开具的增值税专用（普通）发票，且发票的"备注栏"标明：建筑工程所在地的县（市、区）名称和项目名称。

　　第四，劳务公司与建筑总承包方签订的劳务分包合同和委托代付农民工工资协议书。

　　2. 劳务公司与建筑企业总承包方进行劳务结算收入的会计核算和凭证管理（财税处理）

（1）会计核算。

借：银行存款——收到总承包方支付的部分劳务款

　　应付职工薪酬——通过总承包方农民工工资专用账户代付农民工工资

　　应收账款（建筑分包合同中约定拖欠的部分劳务款，验收合格后再进行支付）

　　贷：合同结算——价款结算［劳务公司与建筑总承包方结算的工程

　　　　　　劳务款÷(1+3%)］

　　　　应交税费——简易计税［（收到总承包方支付的部分劳务款+通

　　　　　　过总承包方农民工工资专用账户代付农民工工

　　　　　　资)÷(1+3%)×3%］

　　　　　　——待转销项税额［总承包方拖欠劳务公司的部分劳

　　　　　　务工程进度款÷(1+3%)×3%］

（2）会计核算凭证管理。

　　第一，建筑总承包方农民工工资专用账户银行盖章的代付农民工工资流水单。

第二，劳务公司提供的其盖章且经农民工本人签字的农民工工资表、农民工工时考勤表、身份证复印件。

第三，劳务公司与建筑总承包方双方签字的劳务款进度结算单或工程劳务计量确认单。

第四，劳务公司开具的增值税专用（普通）发票，且发票的"备注栏"标明：建筑工程所在地的县（市、区）名称和项目名称。

第五，劳务公司与建筑总承包方签订的劳务分包合同和委托代付农民工工资协议书。

（四）第三种农民工工资支付形式下建筑企业总承包方、建筑专业分包方之间的会计核算和凭证管理（财税处理）

当建筑总承包方与建筑专业分包方之间结算工程进度款，按照工程进度款的一定比例通过农民工工资专用账户代发农民工工资，同时支付建筑专业分包方一部分劳务款，拖欠另一部分劳务款时的会计核算。

1. 建筑企业总承包方发生专业分包工程结算的会计核算（建筑专业分包方向建筑总承包方开增值税专用发票）及凭证管理

（1）会计核算。

借：合同履约成本——专业分包合同成本

　　应交税费——应交增值税（待认证抵扣进项税额）[（支付建筑专业分包方部分劳务款+通过农民工工资专用账户代发农民工工资）÷（1+9%）×9%]

　　贷：应付账款（建筑分包合同中约定拖欠的部分工程进度款到工程最后验收合格后再进行支付）

　　　　银行存款——通过总承包方农民工工资专用账户代发农民工工资

　　　　　　　　——支付建筑专业分包方部分工程进度款

当建筑企业总承包方认证抵扣增值税专用发票时的会计核算：

借：应交税费——应交增值税（进项税额）

　　贷：应交税费——应交增值税（待认证抵扣进项税额）[（支付分包方部分工程进度款+通过农民工工资专用账户代发农民工工资）÷（1+9%）×9%]

（2）会计核算凭证管理。

第一，建筑专业分包方提供的其盖章且经农民工本人签字的农民工工资表、农民工工时考勤表、身份证复印件。

第二，建筑专业分包方与建筑总承包方双方签字的工程款进行结算单或工程计量确认单。

第三，建筑专业分包方开具的增值税专用（普通）发票，且发票的"备注栏"标明：建筑工程所在地的县（市、区）名称和项目名称。

第四，建筑专业分包方与建筑总承包方签订的劳务分包合同和委托代付农民工工资协议书。

2. 建筑专业分包方与建筑总承包方结算工程收入的会计核算和凭证管理

（1）会计核算。

借：银行存款——收到总承包方支付的部分劳务款

应付职工薪酬——通过总承包方农民工工资专用账户代付农民工工资

应收账款（建筑分包合同中约定拖欠的部分工程进度款到工程最后验收合格后再进行支付）

贷：合同结算——价款结算[建筑专业分包方与建筑总承包方结算的工程劳务款÷(1+9%)]

应交税费——应交增值税(销项税额)[(收到总承包方支付的部分工程进度款+通过总包方农民工工资专户代付农民工工资)÷(1+9%)×9%]

——待转销项税额[总承包方拖欠建筑专业分包方的部分工程进度款÷(1+9%)×9%]

（2）会计核算凭证管理。

第一，建筑总承包方农民工工资专户银行盖章的代付农民工工资流水单。

第二，建筑专业分包方盖章且经农民工本人签字的农民工工资表、农民工工时考勤表、身份证复印件。

第三，建筑专业分包方与建筑总承包方双方签字的工程款进行结算单或工程计量确认单。

第四，建筑专业分包方开具的增值税专用（普通）发票，且发票的"备注栏"标明：建筑工程所在地的县（市、区）名称和项目名称。

第五，建筑专业分包方与建筑总承包方签订的建筑专业分包合同和委托代付农民工工资协议书。

（五）第四种农民工工资支付形式下的建筑企业总承包方、建筑专业分包方和劳务公司之间的会计核算和凭证管理（财税处理）

当建筑总承包方与建筑专业分包方之间结算工程进度款，并按照工程进度款的一定比例通过建筑总承包方和建筑专业分包方各自设立的农民工工资专用账户支付农民工工资，同时支付建筑专业分包方一部分工程进度款时，拖欠另一部分工程进度款时的会计核算。

1. 建筑企业总承包方发生专业分包工程结算的会计核算（建筑专业分包方向建筑总承包方开增值税专用发票）和凭证管理

（1）会计核算。

借：合同履约成本——专业分包合同成本

应交税费——应交增值税(待认证抵扣进项税额)〔(支付分包方部分工程进度款+通过总承包方和专业分包方各自设立的农民工工资专用账户划拨农民工工资)÷(1+9%)×9%〕

贷：应付账款（建筑分包合同中约定拖欠的工程进度款，工程验收合格后再进行支付）

银行存款——通过总承包方和专业分包方各自设立的农民工工资专用账户划拨农民工工资

——支付分包方部分工程进度款

当建筑企业总承包方认证抵扣增值税专用发票时的会计核算：

借：应交税费——应交增值税（进项税额）

贷：应交税费——应交增值税(待认证抵扣进项税额)〔(支付分包方部分工程进度款+通过总承包方和专业分包方各自设立的农民工工资专用账户划拨农民工工资)÷(1+9%)×9%〕

（2）会计核算凭证管理。

第一，建筑专业分包方提供的由建筑专业分包方和劳务公司共同签字盖章且经农民工本人签字的农民工工资表、农民工工时考勤表、身份证复印件。

第二，建筑专业分包方与建筑总承包方双方签字的工程款进行结算单或工程计量确认单。

第三，建筑专业分包方开具的增值税专用（普通）发票，且发票的"备注栏"标明：建筑工程所在地的县（市、区）名称和项目的名称。

第四，建筑专业分包方、建筑总承包方、建设单位（业主）和农民工工资专用账户银行签订的四方农民工工资托管协议书。

2. 建筑专业分包方与建筑总承包方工程结算收入的会计核算和凭证管理

（1）会计核算。

借：银行存款——建筑专业分包方基本账户收到的总承包方支付的部分
工程进度款

——通过总承包方和专业分包方各自设立的农民工工资专
用账户划拨农民工工资

应收账款（建筑分包合同中约定拖欠的部分工程进度款，工程验收
合格后再进行支付）

贷：合同结算——价款结算[建筑专业分包方与建筑总承包方结算
的工程款÷(1+9%)]

应交税费——应交增值税（销项税额）[（收到总承包方支付的
部分工程进度款+通过总承包方和专业分包方各
自设立的农民工工资专用账户划拨农民工工资）÷
(1+9%)×9%]

——待转销项税额[总承包方拖欠建筑专业分包方的部分工程
进度款÷(1+9%)×9%]

（2）会计核算凭证管理。

第一，劳务公司提供的由建筑专业分包方和劳务公司共同签字盖章且经
农民工本人签字的农民工工资表、农民工工时考勤表、身份证复印件。

第二，建筑专业分包方与劳务公司双方签字的劳务款进度结算单或工程
劳务计量确认单。

第三，劳务公司开具的增值税专用（普通）发票，且发票的"备注栏"
标明：建筑工程所在地的县（市、区）名称和项目名称。

第四，劳务公司与建筑专业分包方双方签订的劳务分包合同和委托代付
农民工工资协议书。

3. 建筑专业分包方发生劳务分包工程结算的会计核算和凭证管理

（1）会计核算。

借：合同履约成本——劳务分包合同成本

应交税费——应交增值税（待认证抵扣进项税额）[（支付劳务公司
部分劳务款+通过农民工工资专用账户代发农民工工
资）÷(1+3%)×3%]

贷：应付账款（建筑劳务分包合同中约定拖欠的部分劳务款到工程
　　验收合格后再进行支付）
　　银行存款——通过建筑专业分包方农民工工资专用账户代发农
　　　　　　　民工工资
　　　　　　——支付劳务公司部分劳务款
当建筑企业专业分包方认证抵扣增值税专用发票时的会计核算：
借：应交税费——应交增值税（进项税额）
　　贷：应交税费——应交增值税（待认证抵扣进项税额）［（支付劳务
　　　　　　　　　公司部分劳务款+通过农民工工资专用账户代发
　　　　　　　　　农民工工资）÷(1+3%)×3%］

（2）会计核算凭证管理。

第一，劳务公司提供的其盖章且经农民工本人签字的农民工工资表、农
民工工时考勤表、身份证复印件。

第二，劳务公司与建筑专业分包方双方签字的劳务款进度结算单或工程
劳务计量确认单。

第三，劳务公司开具的增值税专用（普通）发票，且发票的"备注栏"
标明：建筑工程所在地的县（市、区）名称和项目名称。

第四，劳务公司与建筑专业分包方签订的劳务分包合同和委托代付农民
工工资协议书。

4. 劳务公司与建筑专业分包方结算收入的会计核算和凭证管理

（1）会计核算。
借：银行存款——收到建筑专业分包方支付的部分劳务款
　　应付职工薪酬——通过建筑专业分包方农民工工资专用账户代付农
　　　　　　　　　民工工资
　　应收账款（建筑劳务分包合同中约定拖欠的部分劳务款，工程验收
　　合格后再进行支付）
　　贷：合同结算——价款结算［劳务公司与建筑专业分包方结算的工
　　　　　　　　　程劳务款÷(1+3%)］
　　　　应交税费——简易计税［（收到建筑专业分包方支付的部分劳务
　　　　　　　　　款+通过建筑专业分包方设立的农民工工资专用
　　　　　　　　　账户代付农民工工资）÷(1+3%)×3%］
　　　　　　　　——待转销项税额［建筑专业分包方拖欠劳务公司的
　　　　　　　　　部分劳务工程进度款÷(1+3%)×3%］

（2）会计核算凭证管理。

第一，建筑专业分包方农民工工资专用账户银行盖章的代付农民工工资流水单。

第二，劳务公司盖章且经农民工本人签字的农民工工资表、农民工工时考勤表、身份证复印件。

第三，劳务公司与建筑专业分包方双方签字的劳务款进度结算单或工程劳务计量确认单。

第四，劳务公司开具的增值税专用（普通）发票，且发票的"备注栏"标明：建筑工程所在地的县（市、区）名称和项目名称。

第五，劳务公司与建筑专业分包方签订的劳务分包合同和委托代付农民工工资协议书。

（六）第二种工资支付形式中的建筑总承包方、第三种工资支付方式中的建筑专业分包方、第一种和第四种工资支付方式中的劳务公司结算支付农民工工资的会计核算

1. 第二种工资支付形式中的建筑总承包方结算并通过农民工工资专用账户支付农民工工资的会计核算

借：合同履约成本——直接人工费用（农民工工资）
　　贷：应付职工薪酬——项目部农民工工资
同时：
借：应付职工薪酬——项目部农民工工资
　　贷：银行存款——建筑总承包方农民工工资专用账户

2. 第三种工资支付方式中的建筑专业分包方结算并通过建筑总承包方农民工工资专用账户代付农民工工资的会计核算

借：合同履约成本——直接人工费用（农民工工资）
　　贷：应付职工薪酬——通过总包农民工工资专用账户代付农民工工资

3. 第一种工资支付方式中的劳务公司结算支付农民工工资的会计核算

借：合同履约成本——直接人工费用（农民工工资）
　　贷：应付职工薪酬——通过总包农民工工资专用账户代付农民工工资

4. 第四种工资支付方式中的劳务公司结算支付农民工工资的会计核算

借：合同履约成本——直接人工费用（农民工工资）

　　贷：应付职工薪酬——通过建筑专业分包方农民工工资专用账户代
　　　　　　付农民工工资

三、与班组长（包工头）或以班组长（包工头）注册成立的个体工商户签订专业作业劳务分包合同，且通过农民工工资专用账户发放农民工工资的会计核算及其凭证管理或财税处理（适用第三类建筑工程项目）

　　由于班组长（包工头）跟建筑企业总承包方、建筑企业专业分包方、建筑企业专业承包方签订专业作业劳务分包合同的情况下，班组长（包工头）一定要到工程所在地税务局依照"经营所得"税目，代开增值税普通发票（增值税税率为3%）给以上专业作业劳务发包方入工程的人工成本，所以设立农民工工资专用账户的建筑企业总承包方、建筑企业专业分包方、建筑企业专业承包方代付班组长（包工头）雇佣农民工工资的会计核算方法具体如下：

　　（一）建筑企业总承包方或建筑企业专业承包方与班组长（包工头）签订专业作业劳务分包合同情况下的会计核算和凭证管理（财税处理）

　　建筑企业总承包方或建筑企业专业承包方与班组长（包工头）在签订专业作业劳务分包合同情况下的会计核算和凭证管理与上文中的"第一种农民工工资支付形式下的建筑企业总承包方与劳务公司之间会计核算和凭证管理"相同，区别在于相当于劳务公司的班组长（包工头）本身不做账而已。建筑企业总承包方或建筑企业专业承包方与班组长（包工头）发生专业作业劳务分包工程结算的会计核算和凭证管理如下：

　　1. 会计核算

　　借：合同履约成本——专业作业劳务分包合同成本（班组长代开增值税
　　　　　　普票，含不能抵扣的增值税）

　　贷：应付账款（专用作业劳务分包合同中约定拖欠的部分劳务款，
　　　　　　工程验收合格后再进行支付）

　　　　银行存款——通过总承包方农民工工资专用账户代发农民工
　　　　　　工资

　　　　　　——支付班组长（包工头）部分劳务款

　　2. 会计核算凭证管理

　　第一，班组长（包工头）提供的其签字且经农民工本人签字的农民工工资表、农民工工时考勤表、身份证复印件。

第二，班组长（包工头）与建筑总承包方双方签字的劳务款进度结算单或劳务工程计量确认单。

第三，班组长（包工头）在工程所在地税务局代开具的增值税专用（普通）发票，且发票的"备注栏"标明：建筑工程所在地的县（市、区）名称和项目名称。

第四，班组长（包工头）与建筑总承包方签订的专业作业劳务分包合同和委托代付农民工工资协议书。

（二）建筑企业专业分包方与班组长（包工头）签订专业作业劳务分包合同情况下的分包工程结算的会计核算和凭证管理

建筑企业专业分包方与班组长（包工头）签订专业作业劳务分包合同情况下的分包工程结算的会计核算和凭证管理与上文中的"第四种农民工工资支付形式下的建筑企业总承包方、建筑专业分包方和劳务公司之间的会计核算和凭证管理"相同，区别在于相当于劳务公司的班组长（包工头）本身不做账而已。建筑专业分包方与班组长（包工头）发生专业作业劳务分包工程结算的会计核算和凭证管理如下：

1. 会计核算

借：合同履约成本——专业作业劳务分包合同成本（班组长代开增值税
　　　　　　　普通发票，含不能抵扣的增值税）

　贷：应付账款（专用作业劳务分包合同中约定拖欠的部分劳务款到
　　　　　工程验收合格后再进行支付）

　　　银行存款——通过建筑专业分包方农民工工资专用账户代发农
　　　　　民工工资

　　　　　　——支付班组长（包工头）部分劳务款

2. 会计核算凭证管理

第一，班组长（包工头）提供的其签字且经农民工本人签字的农民工工资表、农民工工时考勤表、身份证复印件。

第二，班组长（包工头）与建筑专业分包方双方签字的专业劳务款进度结算单或劳务工程计量确认单。

第三，班组长（包工头）在工程所在地税务局代开具的增值税专用（普通）发票，且发票的"备注栏"标明：建筑工程所在地的县（市、区）名称和项目名称。

第四，班组长（包工头）与建筑专业分包方签订的专业作业劳务分包合同和委托代付农民工工资协议书。

四、劳务公司发放农民工工资（第五种、第六种、第七种和第八种工资支付方式）的会计核算及其凭证管理（适用第二类建筑工程项目）

适用第二类建筑工程项目的第五种、第六种和第七种工资支付方式的劳务公司与班组长（包工头）签订专业作业劳务分包合同，班组长（包工头）一定要到工程所在地税务局依照"经营所得"税目，代开增值税普通发票（增值税税率为3%）给劳务公司，劳务公司的会计核算和凭证管理如下：

（一）劳务公司与农民工签订灵活就业协议的会计核算及凭证管理

1. 会计核算
借：合同履约成本——项目人工费用（农民工工资）
　　贷：应付职工薪酬——灵活就业人员工资
借：应付职工薪酬——灵活就业人员工资
　　贷：银行存款/库存现金
如果灵活就业人员的月工资收入低于5000元，为了规避个税申报的麻烦、规避残保基金和工会经费，建议劳务公司的会计核算如下：
借：合同履约成本——项目人工费用（农民工工资）
　　贷：银行存款/库存现金

2. 会计凭证管理
第一，劳务公司与农民工签订的灵活就业协议书。
第二，农民工签字按手印的工资表、考勤表和身份证复印件。

（二）劳务公司与班组长（包工头）或以班组长（包工头）注册成立的个体工商户签订专业作业劳务分包合同，班组长（包工头）或以班组长（包工头）注册成立的个体工商户直接雇用农民工完成劳务的会计核算及凭证管理（财税处理）

1. 会计核算
借：合同履约成本——专业作业劳务分包合同成本（班组长代开增值税

　　　　普通发票或个体工商户自行开具增值税普通发
　　　　票，含不能抵扣的增值税）
　　贷：应付账款（专用作业劳务分包合同中约定拖欠的部分劳务款到
　　　　工程验收合格后再进行支付）
　　　　银行存款——支付班组长（包工头）部分劳务款

2. 会计核算凭证管理

　　第一，班组长（包工头）与劳务公司双方签字的专业作业劳务款进度结算单或劳务工程计量确认单。

　　第二，班组长（包工头）在工程所在地税务局代开具的增值税专用（普通）发票，且发票的"备注栏"标明：建筑工程所在地的县（市、区）名称和项目名称。

　　第三，班组长（包工头）与劳务公司签订的专业作业劳务分包合同。

　　特别提醒：对应第二类工程项目，如果建筑企业总承包方、建筑企业专业承包方、建筑企业专业分包方没有与劳务公司签订劳务分包合同，而是直接**与班组长（包工头）签订专业作业劳务分包合同**，班组长（包工头）一定要到工程所在地税务局依照"经营所得"税目，代开增值税普通发票（增值税税率为3%）给建筑企业总承包方、建筑企业专业承包方、建筑企业专业分包方如工程的人工承包，因此，建筑企业总承包方、建筑企业专业承包方、建筑企业专业分包方的会计核算和凭证管理与以上**"劳务公司与班组长（包工头）签订专业作业劳务分包合同"**的会计核算和凭证管理相同。

参考文献

［1］肖太寿．纳税筹划［M］．北京：经济科学出版社，2010．

［2］查方能．纳税筹划［M］．大连：东北财经大学出版社，2012．

［3］朱国平．纳税筹划［M］．北京：中国财政经济出版社，2007．

［4］盖地．建筑施工企业纳税与筹划操作指南［M］．北京：中国财政经济出版社，2010．

［5］段九利，白秀峰．房地产企业全程纳税筹划［M］．北京：中国市场出版社，2011．

［6］肖太寿．最新税收政策下企业涉税76难点深度解析及经典案例［M］．北京：中国市场出版社，2011．

［7］蔡昌．税务风险揭秘［M］．北京：中国财政经济出版社，2011．

［8］蔡昌．税务稽查零风险：税务稽查应对手册［M］．北京：北京大学出版社，2011．

［9］肖太寿．最新税收政策下企业涉税疑难问题处理及经典案例解析［M］．北京：经济科学出版社，2010

［10］肖太寿．最新税收政策下企业所得税汇算清缴重点难点处理与填报方法［M］．北京：中国市场出版社，2010．

［11］张书箱，江家银．避税与反避税的理论与实务［M］．合肥：安徽人民出版社，1995．

［12］李明俊，李柳田．企业领导者如何税得香［M］．北京：

企业管理出版社, 2010.

[13] 宋洪祥. 点税成金——企业经营决策的税收管理与风险控制 [M]. 北京: 经济日报出版社, 2009.

[14] 肖太寿, 吴华. 商业模式下的合同控税策略——6 类经济合同中的涉税风险管控及例解 [M]. 北京: 中国长安出版社, 2013.

[15] 肖太寿. 企业税收成本控制 (税务咨询师教材) [M]. 北京: 中国时代经济出版社, 2012.

[16] 肖太寿. 砍掉企业税收成本三把刀及 76 案例精解 [M]. 北京: 经济科学出版社, 2012.

[17] 肖太寿. 合同控税理论及 51 案例真解 [M]. 北京: 中国市场出版社, 2014.

[18] 肖太寿. 合同控税: 21 种节税技巧 72 个实战案例 [M]. 北京: 中国市场出版社, 2015.

[19] 肖太寿. 建筑房地产企业税务管控 [M]. 北京: 经济管理出版社, 2017.

[20] 肖太寿. 建筑房地产企业合同控税 [M]. 北京: 中国市场出版社, 2017.

[21] 肖太寿. 建筑劳务与劳务公司财税法管控 13 个秘诀 [M]. 北京: 经济管理出版社, 2019.

[22] 肖太寿. 建筑房地产企业税收安全策略 [M]. 北京: 经济管理出版社, 2018.

[23] 肖太寿. 建筑房地产企业财税法风险管控 [M]. 北京: 经济管理出版社, 2020.

[24] 肖太寿. 建筑房地产企业税务稽查防范策略 [M]. 北京: 经济管理出版社, 2020.